어디에나 있고
어디에도 없는

오피스
빌런

어디에나 있고
어디에도 없는

오피스
빌런

송지은·조영윤 지음

사람 때문에 상처받지 않는
직장생활을 위한 책

plan b
DESIGN

차례

Chapter 3

오피스 빌런으로 지금 고통받고 있다면
어떻게 해야 하나?

195

들어가며

저는 목요일부터 기분이 좋습니다. 왜냐하면 주말이 얼마 안 남았기 때문입니다. 그리고 일요일 오후부터 급격히 기분이 나빠집니다. 왜냐하면 출근해야 하는 월요일이 얼마 남지 않았기 때문입니다. 저만 그런 게 아니라 많은 사람들이 그렇게 이야기하는 것을 보게 됩니다. 심한 경우 월요일 출근길에 천재지변이 일어나서 출근하지 않았으면 좋겠다는 이야기를 하는 사람들도 있습니다.

제가 신입 사원이던 어느 날 사장님과 대화할 기회가 있었습니다. 그때 당돌하게도 저는 사장님께도 물어봤습니다. "사장님도 월요일 출근이 싫으신가요?" 사장님은 제게 이런 이야기를 했습니다. "나도 사람이야. 출근은 모든 사람들이 싫어하는 게 당연한 거란다." 그때 깨달았습니다. 회사는 원래 모두에게 가기 싫은 곳이라는 사실을 말이죠.

많은 회사들이, 그래서 회사를 '가고 싶은 곳'으로 만드려고 노력합니다. 어떻게 하면 다니고 싶은 회사를 만들 것인가 하는 고민은 모든 인사 담당자에게 풀리지 않는 숙제입니다. 어떤 회사들은 업계 최고의 보상과 복리후생을 강조하기도 합니다. 이직을 하면서 기존 회사보다 연봉을 높이거나, 1년에 한 번씩 인센티브가 입금된다면 분명 그 순간만큼은 뿌듯함을 느끼기도 합니다. 또한 회사에서 제공하는 다양한 복리후생 제도를 누리다 보면 애사심이 생길 때도 있습니다. 그러나 일상에서 느끼는 소소한 즐거움도 잠시, 월요일에 회사에 가기 싫은 것은 마찬가지입니다.

현직자들은 회사 가기 싫어증이 지나치면 이직을 고민하기도 합니다. 최근에는 주기가 더 짧아지고 있지만 통상 3년, 5년, 7년이 고비라고도 합니다. 직장인들이 이직하는 주된 사유 중에서 성장 비전의 부재, 낮은 연봉, 열악한 복리후생 등은 충분히 정보를 검색하고 더 나은 조건을 제공하는 회사로 이직한다면 어느 정도는 해소할 수 있습니다.

하지만 회사라는 조직은 다양한 사람들로 구성된 곳인 만큼 직접 경험해봐야 알 수 있는 영역들이 분명 존재합니다. 특히 상사/동료에 대한 불만은 직장인들이 이직을 고민하게 만드는 중요한 요소입니다. 직장인 커뮤니티에 특정 회사의 내부 분위기에 대해서 질문을 해도 부바부(부서 by 부서, 부서마다 다르게 적용된다는 뜻), 사바사(사람 by 사람, 사람마다 다르게 적용된다는 뜻)라는 댓글이 달리기도 합니다. 사람으로 인해서 스트레스를 받고 이직을 고민하는 이들도 많지만, 아이러니하게도 회사의 미래가 불투명하고 현재 보상 수준이 낮더라도 함께 일하는 동료들 덕분에 힘을 얻고 업무에 몰입하기도 합니다.

그래서 저는 그 문제를 뒤집어서 생각해보기로 했습니다. 회사는 원래 가기 싫은 곳이므로 그 회사를 더 가기 싫게 만드는 것들에 대해 고민해 보기로 했습니다. 그리고 직접 경험하기 전까지 알 수 없는 회사의 속사정, 즉 회사를 구성하는 본질인 '사람'에 핵심적인 문제와 해답이 숨어있다고 결론을 내리게 되었습니다. 사람들과의 관계, 그리고 그 안에서의 어려움이 가기 싫은 회사를 '더 가기 싫게' 만든다는 것입니다.

필자들의 고민과 성찰이 담긴 이 책을 통해 동료 직장인들이 회사 생활에서 사람으로 인해 발생하는 난관을 헤쳐나가는 데 작게나마 도움이 되기를 바랍니다.

우리가
회사에 가기 싫은
이유는
무엇일까요
?

높은 업무 부담과 낮은 권한

가장 쉽게 생각할 수 있는 첫 번째 이유는 '일이 너무 많아서'입니다. 당신은 일이 너무 많아서 회사에 가기 싫을 수 있습니다. 때로는 정말 끝이 안 날 것 같은 일도 있고, 또 '이걸 내가 왜 하고 있어야 하나' 싶은 일들도 있습니다. 저는 회사에서 일을 하다가 '이게 대체 무슨 의미가 있나' 싶었던 적도 여러 번 있습니다. 아마 다들 공감하고 계시겠지요?

필자들이 회사를 이직한 횟수를 합치면 열 손가락이 거의 꽉 차게 됩니다. 그 회사들을 오가면서 늘 했던 이야기가 있습니다. 일은 어느 회사에서나 많은 게 정상이라고 말이지요. 물론 바쁜 성수기와 덜 바쁜 비수기가 있다고 하더라도, 기본적으로 회사는 직원들에게 괜히 월급을 주는 게 아니라는 걸 늘 느끼게 됩니다. 여러 회사를 비교해 보아도 어느 회사를 가든 일은 많습니다. 다만 그 일을 수행하는 과정에서 실무자가 스스로 의사 결정할 수 있는 게 없다면, 그때부터는 무력감에 빠지게 됩니다. '내가 지금 무엇을 하고 있나, 무엇을 할 수 있는 건가'라는 생각을 하게 되는 것입니다. 일반적으로 적정한 수준의 업무 부담과 자율성은 조직 구성원이 책임감을 갖게 하고, 동기를 부여하는 주요한 요인으로 알려져 있습니다. 즉 사람은 누구나 자율적인 사고와 행동을 할 수 있는데, 자율성이 없다면 이 일이 '내 일'이 아니라 '남의 일'을 해주는 것 같은 생각이 드는 것은 당연한 일입니다. 가뜩이나 일도 많은데 내가 할 수 있는 건 중간에 '말 전달하기' 밖에 없다면 회사 가기 싫은 마음은 훨씬 더 커집니다. 이런 환경에서는 업무를 무사히 마치더라도 성취감이 아닌 허무함이 느껴질 때도 있습니다.

만약 일은 너무 많은데 그중 내가 결정할 수 있는 것이 아무것도 없어서 무기력하다는 생각이 든다면 일하는 환경을 바꿔볼 필요가 있습니다. 회사 측에 업무 재배치나 인력 증원 등을 요청해 볼 수도 있습니다. 그러나 그 전에, 그러한 원인이 단순히 업무 또는 부서 차원의 문제인지 혹은 해당 산업/조직의 특성인지 명확하게 짚고 넘어가야 합니다.

공기업과 민간 기업을 예로 들어보겠습니다. 민간 기업도 물론 내부에 매뉴얼이 있고 지주 회사 또는 내부 감사 부서의 통제를 받지만 공기업은 소관 정부 부처, 국회 등 외부의 상위 정부 기관과 언론으로부터 다양한 형태의 통제와 감시를 받고 있습니다. 특히 공기업의 경우 국정 감사 시즌이 되면 유관 부서의 담당자들은 밤낮 없이 감사 자료를 준비하기도 합니다. 그렇다 보니 문제의 소지가 없도록 관련 법령, 규정, 매뉴얼에 따라 업무를 수행해야 해서 일하는 방식이 경직될 수밖에 없습니다. 접점이 낮은 새로운 부서로 가게 된다면 무기력하게 느꼈던 상황이 일부는 해소될 수도 있습니다. 단, 공기업에 근무하며 은연중에 드라마에서나 보던 스타트업의 자유로운 업무 방식을 동경해 왔던 것은 아닌지 한 번쯤 스스로를 돌아볼 필요가 있습니다. 애석하지만 현실적으로 개인이 바꿀 수 없는 산업 분야, 조직, 부서의 특성에 따라서 받아들일 수밖에 없는 영역이 분명 존재하기 때문입니다.

열악한 근무 환경

회사에 가기 싫은 두 번째 이유는 '일하는 환경이 너무 열악해서'입니다. 그 열악함이라는 것은 근무 장소나 근무 시간, 조직 문화, 연봉 등 일을 둘러싼 환경 자체가 일에 몰입하기 어려운 상황이라는 것을 의미합니다. 일의 몰입에 대한 다양한 연구에 따르면, 일을 하는 환경은 일에 대한 몰입뿐만 아니라 이직 의사에도 영향을 미치고 있음을 확인할 수 있습니다. 최근에는 많은 회사들이 근무 환경의 개선을 위해 근무 시간이나 장소의 유연성을 강화함으로써 직원들이 '회사에 가는 것'을 덜 불편하게 만들고 몰입하도록 하려는 움직임을 보이고 있습니다. 코로나19라는 팬데믹 환경은 우리에게 시간/장소에 구애받지 않고도 일을 할 수 있다는 가능성을 장시간 동안 보여준 시기이기도 한 만큼, 더 많은 회사들이 좋은 인재를 유치하기 위해 근무 환경을 개선해 나갈 것으로 보입니다.

다만 그 '좋은 근무 환경'을 누릴 수 있는 것은 우리가 다 알듯 만능의 단어 '부바부(부서 by 부서)'로 귀결됩니다. 아무리 회사가 좋은 근무 환경을 제시한다고 하더라도 그게 직접적으로 '나'에게 와닿지 않으면 아무 의미가 없습니다. 내가 속한 조직의 근무 환경이 개선될 것 같지 않아 보이면 이 또한 위에서 언급한 것과 같이 일에 몰입할 수 없게 만들고 이직에 대한 생각을 품게 합니다. 요즘 같은 시기에 '참고 기다리는 것'보다는 이직해서 스스로 환경을 바꾸는 것이 더 빠른 해답일 수도 있습니다.

토목 분야를 전공하고 건설사에서 현장 관리 업무를 하던 필자의 지인은 최근 이직을 하여 본사에서 영업 관리 업무를 담당하게 되었습니다. 일정한 주거지도 없이 지방의 다양한 공사 현장 인근의 오피스텔에서 수 개월씩 상주하며 근무하는 것에 한계를 느꼈기 때문입니다. 언제 또 이사를 가야 할지 모르는 상황에서 짐을 늘릴 수가 없어 일상 생활에 불편함이 있을 정도였다고 했습니다.

지인은 근무 환경을 바꿀 수 없다는 것을 인정하고, 이를 벗어나기 위해 빠르게 직무를 변경함으로써 실천에 옮긴 사례입니다. 만약에 현장 관리 업무를 계속 하면서 근무 환경이 개선되기를 소극적으로 바라기만 했다면 회사에 불만만 커지고 본인은 본인대로 또 지쳐가기만 했을 것입니다.

위의 사례처럼 직무를 전환하는 것이 결코 쉬운 결정은 아니지만, 나를 힘들게 하는 근무 환경이 업^業의 특성에 따른 것인지 먼저 살펴보는 것이 좋습니다. 직무를 바꾸지 않고 더 나은 회사로 이직함으로써 근무 환경을 개선할 여지가 있다면 더할 나위 없이 좋을 것입니다. 그러나 업의 특성상 근무 환경이 개선되기가 어려운 상황이라면 유사/인접 분야의 직무 전환도 적극적으로 고려해볼 필요가 있습니다.

근무 환경이 열악하더라도 동료들과 서로 의지하며 나름대로 가치를 찾고 일하는 사람도 상당수 존재합니다. 반대로, 열악한 근무 환경에서 동료들로 인해서 더욱 힘들어하는 사람도 있습니다. 이것이 바로 필자들이 '사람'에 집중하는 이유이며, 이 책을 통해서 자세히 이야기해 보고자 합니다.

사람으로 인한 문제

회사에 가기 싫은 이유로 손꼽히는 것 중 세 번째는 '같이 일하는 사람들이 힘든 경우'입니다. 정확하게는 같이 일하는 사람들과의 관계가 어려운 것이죠. 사실 이건 가장 큰 문제입니다. 앞의 두 가지 문제는 환경을 바꾸는 것만으로도 어느 정도 해소될 수 있습니다. 예를 들어, 일이 많다는 것이나, 업무 환경에 대한 이야기는 우리가 잘 아는 잡플래닛이나 블라인드 등의 사이트를 통해서도 묻고 답할 수 있고, 처우 협상 과정에서 어느 정도 확인이 가능하기도 합니다.

그런데 사람이 힘들어서 이직을 한다고 했을 때, 이직한 회사의 동료 또는 상사가 좋은 사람들일지는 아무도 알 수 없습니다. 이직에서는 항상 복불복이 존재합니다. 그 자리를 채용하는 건 내부 인력으로 감당할 수 없는 새로운 '일'이 많아서이거나, 그 자리에 있던 '사람'이 퇴사를 했기 때문이라는 점입니다. 만약 후자라면 기존의 사람이 퇴사한 사유 또한 같이 일하는 사람들일 수 있다는 불확실성이 존재합니다.

함께 일하는 사람들과의 관계는 조직을 변경한다고 해서 상황이 나아진다는 보장도 없고, 이후에도 수시로, 자주 발생할 수 있는 문제입니다. 요즘에는 경영 환경 변화 때문에 회사 내에서도 잦은 조직 개편과 조직 이동이 있는 경우가 많아서 함께 일하는 사람에 대한 변수는 늘 존재합니다.

사실 주변을 찾아봐도 일이나 환경 때문에 퇴사하기보다는 같이 일하는 리더, 같이 일하는 동료 때문에 힘들어서 퇴사하는 경우를 더 많이 볼 수 있습니다. 〈사람인〉에서 발표한 설문 조사 결과에 따르면 직장인 10명 중 8명은 일보다 사람 때문에 회사를 그만두게 되며, 업무 관련 스트레스보다 인간 관계의 스트레스가 훨씬 심하다고 호소하기도 했습니다. 〈잡코리아〉 설문 조사에서는 상사 또는 동료와의 불화 때문에 퇴사했다고 응답한 직장인의 비중과 낮은 연봉 때문에 퇴사했다고 응답한 직장인의 비중에 큰 차이가 없는 것도 확인할 수 있습니다. 그만큼 함께 일하는 사람들에 대한 고민은 우리가 회사를 다니는 데 큰 영향을 미치고 있습니다.

직장에서 생기는 사람에 대한 많은 고민들 중에서도 특히 상급자 또는 리더로 인해 스트레스를 받는 경우에는 더욱 우리를 힘들게 합니다. 동료라면 대등한 관계에서 대화를 통해 풀어나갈 여지리도 있지만 그 대상이 상사라면 상황을 개선하기 어려운 경우가 많습니다. 그럼에도 불구하고 그들이 왜 우리를 힘들게 하는 '오피스 빌런'이 되었는지에 대해서 잠시나마 생각해 본다면 조금이라도 자신을 온전히 지키는 데 도움이 되리라 생각합니다.

실무자들이 기피하는 부서의 A 부장이 있었습니다. A 부장은 남성 중심의 경직된 조직에 입사해서 사회 초년생 시절에 불합리한 일들을 겪기도 했고, 여성이라는 이유로 승진에 차별을 경험하기도 했습니다. 험난한 과정을 통해서 부서의 리더가 되었지만 A 부장을 향한 시선은 딱히 나아지지 않았습니다. 타 부서의 남성 부장이 실무자에 화를 내면 "무언가 큰 잘못을 했구나"라고 생각하지만, A 부장이 화를 내면 "괜히 히스테리를 부린다"고 곱지 않은 시선을 보내기도 했습니다. 그래서 A 부장은 부서원들에게 업무를 지시할 때에도 더욱 철저하게 내부 규정을 지키고 세부적인 내용까지 점검할 수밖에 없었습니다. 혹여나 추후에 문제가 생긴다면 모든 화살은 A 부장을 향하게 될 테니까요. 그래서 부서원들은 A 부장과 일하기 힘들어합니다. 직원들이 퇴사하면 임원은 A 부장의 리더십이 부족해서라고 비난하기까지 합니다. 그렇지만 전체적인 맥락을 살펴본다면 과연 A 부장은 비난받아 마땅한 리더일까요?

꼭 그렇지만은 않습니다. 위의 사례처럼 전체적인 맥락을 살펴보면 실제 조직의 구성원이 그렇게 '빌런화'되는 환경이 문제일 수도 있고, 또는 특정 인물을 빌런으로 부추기는 사람들이 문제일 수도 있습니다.

일터는 숲을 닮은 것 같습니다.
당신은 어떤 나무인가요?
당신의 조직은 어떤 숲인지요?
사람과 일, 일터에 대한 고민에 함께 머리를 맞대고,
건강한 나무, 건강한 숲을 만들기 위해 최선을 다하겠습니다.
당신의 고민을 들려주세요.

plan b
DESIGN

우리는 성숙한 개인이 성숙한 조직을 만든다고 믿습니다. 그래서 개인이 성장할 수 있는 조직을 디자인합니다. 우리와 함께하는 모든 이들이 성장할 수 있도록 돕습니다.

조직의 문제는 언제나 급하고 복잡해 보입니다. 우리는 단순히 현상을 수습하기에 앞서 유기적인 시스템 안에서의 근원적인 문제가 무엇인지 치열하게 고민합니다. 당장의 급한 일들로 인해 놓쳐버린 진짜 문제를 찾고 지속 가능한 변화를 디자인합니다.

과정 개발 컨설팅

플랜비디자인의 교육 과정 개발은 '질문'에서 시작합니다.
교육에 참여하는 분들을 성장시킬 수 있는 질문을 시작으로 교육 경험을 디자인합니다.

대상	리더(대표, 경영진, 팀장 등 직책자), 중간관리자, 승진자, 신입사원, 사내강사, HR담당자 등
주제	리더십, 온보딩, 피드백, 소통, 핵심가치, 회의, 문제 해결, 일하는 방식, 마인드셋 등
형태	특강·강의·워크숍·코칭

조직 개발 컨설팅

전략과 문화 간의 균형을 잃을 때, 조직의 문제는 시작됩니다.
전형적이지 않은 문제일수록 정형화되지 않은 접근이 필요합니다.
플랜비디자인은 디자인씽킹을 기반으로 문제를 정의하고 창의적으로 해결합니다.

 인터널 브랜딩
• 미션/비전/가치 등의 핵심 메세지 개발 및 내재화 커뮤니케이션
• 조직의 주요 메세지를 기록한 컬처덱
• 일하는 방식을 정리한 Credo
• 직원경험 캠페인

 대화 개발
• 조직 내 대화와 자기 성장을 돕는 리플렉션북
• 조직의 언어 교정 및 대화법 개발
• 팀십, 프로젝트, 갈등 상황 등 대화 퍼실리테이션

조직 진단 컨설팅

조직과 리더, 구성원에 대해 확인하고 싶은 것과 직면해야만 하는 것을 모두 고려하여
가설을 세우고, 증명하고, 변화의 방향을 설정하고, 개선할 수 있는 방법까지 제안합니다.

팀십 리더십 조직 문화 몰입 회의

HR 전문 도서 출판

도서 연계 특강 및 워크숍 • 조직의 학습력을 끌어올리는 독서모임 퍼실리테이션 • 사내 도서관 큐레이션 •
'나인팀'을 통한 HRD(er)의 도서 출판 프로젝트

https://www.planbhr.co.kr/

다만 사실 관계만 본다면 A 부장은 '모두가 함께 일하기 어려워하는 빌런'이 되었고, A 부장과 같은 조직에 근무하는 누군가는 언젠가 어떤 형태로든 함께 일하는 상황을 피할 수 없다는 것에 우리는 주목해야 합니다. 그 '피할 수 없는 상황'에 만약 우리가 당면하게 된다면 우리 또한 매일같이 괴로움을 겪게 될 수 있기 때문입니다.

그래서 결코 쉽지는 않겠지만 '왜 저 사람은 저렇게 된 것일까'를 이해해 본다면, 나아가 '저 사람의 심리는 무엇일까'를 파악해 본다면, 나의 괴로움을 덜 수 있는 방법의 실마리를 찾아갈 수 있다는 것이 중요합니다. 피할 수 없다면 즐길 수는 없더라도 덜 괴롭게 상황을 맞이하는 방법에 대해서 고민해 보는 것이 현실적인 대처 방안이기 때문입니다.

함께 일하는 사람들에 대한 고민

회사에서 사람들과 관계를 잘 맺고 원만하게 지내기 위한 방법에 대한 고민은 긴 직장 생활을 이어가기 위해 가장 중요한 부분입니다. 그래서 이 책에서는 어느 회사에나, 그 어디에나 있는 나와 맞지 않는 내 기준에서 함께 일하기 어려운 오피스 빌런들과 어떻게 '잘 지낼 수 있을 것인지'를 고민해 보고자 합니다.

세상에는 수많은 조직 문화와 리더십, 인간 관계에 대한 책들이 있습니다. 그들은 하나같이 좋은 리더와 좋은 조직 문화에 대해 이야기하고 있습니다. 그런데 좋은 리더, 좋은 동료, 좋은 조직 문화가 갖추어진 환경에서 일한다고 이야기하는 사람들을 주변에서 만나본 적이 있으신가요? 그런 유니콘 같은 환경을 만나는 건 마치 오피스 드라마나 판타지에 나오는 것 같은 일입니다. 그래서 우리는 조직 문화의 이론을 비틀어서 좋은 동료와 좋은 리더를 만나는 것이 현실적으로 어렵다는 점을 인정하고, 다른 사람들에 대해 이해하고 갈등 상황을 슬기롭게 대처하는 방안에 대해 고민해 보려고 합니다.

우리 모두, 사실은 알고 있습니다. 나와 맞지 않는 사람을 나의 의지에 맞게 바꾸는 건 거의 불가능하다는 것을 말이지요. 특히 본인을 지키기 위해, 혹은 타의로 인해 '오피스 빌런'이 될 수밖에 없었던 직장인들에게 잘못되었다고 비난하면서 변화를 기대하기는 어렵습니다. 하지만 그들과 수월하게 협업하며 관계를 맺고 직장 생활을 하기 위해서는 그들의 특성을 이해하고 유연하게 대처하려는 노력이 필요합니다.

한 가지 명확하게 할 점은, 법규와 사회 통념을 벗어난 빌런들까지 포용하자는 것은 아닙니다. 만약에 여러분들이 일하는 회사에 법규와 사회적 통념을 벗어난 빌런이 존재한다면, 더 이상 고민하지 말고 신속하게 회사의 감사팀 또는 인사팀과 소통하시기 바랍니다. 회사 내부적으로도 해결이 안 된다면 여러분을 도와줄 수 있는 고용노동부도 있습니다.

'오피스 빌런'은 본인이 의도하든 의도하지 않든 여러 외부적인 환경들로 인해 구성원을 힘들게 할 수밖에 없는 사람들에 대한 이야기입니다. 어쩌면 이 책을 접하는 여러분들도 누군가에게는 오피스 빌런일지도 모릅니다. 그래서 이 책에서는 나와 맞지 않는 사람들을 대하는 나의 태도를 바꾸기 위한 아이디어를 제시하려고 합니다. 우리의 마음을 다치면서 긴 직장 생활을 하는 것은 어려운 일입니다. 이 책을 통해 우리는 스스로를 잘 지켜가며 일하는 방법을 함께 고민할 수 있는 시간으로 독자들을 인도하고자 합니다.

Chapter 2

흔히 볼 수 있는 오피스 빌런, 그들을 파헤쳐보자

조직 문화를 설명할 때 많은 사람들이 언급하는 '경쟁 가치 모형competing values model'을 소개한 퀸Quinn이라는 학자는 조직에서 문제가 복합적으로 발생한다고 이야기합니다. 조직은 하나의 보편적 시각으로 보기에는 매우 복합적이기 때문에 역설적paradox인 관점에서 보아야 한다는 것입니다.

퀸이 제시한 경쟁 가치 모형에서는 조직 문화의 유형을 구분하는 축으로 유연성flexibility과 통제control, 내부 중심internal focus과 외부 중심external focus을 두고 사분면으로 구분합니다. 유연하되 조직의 관심이 조직 내부를 향하는 경우, 인적 자원 개발을 지향하는 '인간 관계 모형'에 해당됩니다. 인간 관계 모형에 해당되는 조직 문화를 가진 조직에서는 토론과 참여, 개방성을 바탕으로 조직 구성원의 몰입과 사기를 증진하기 위해 노력합니다. 유연하되 조직의 관심이 조직 외부를 향하는 경우, 확장된 적응을 지향하는 '개방 체제 모형'에 해당됩니다. 개방 체제 모형에 해당되는 조직 문화를 가진 조직에서는 외부를 통해 자원을 확보하고, 경쟁적 지위를 확보하는 데 초점을 맞추기 때문에 통찰과 혁신, 적응력을 강화하기 위해 노력합니다. 조직이 통제적이되 관심을 조직 내에 두는 경우는 조직의 결속과 균형을 지향하는 '내부 과정 모형'에 해당됩니다. 이러한 조직은 측정과 문서화, 정보 관리를 통해 조직의 안정과 통제를 지속하려는 성향을 보입니다. 조직이 통제적이되 조직의 관심이 외부를 향하는 경우, 조직은 성과 극대화를 지향하는 '합리 목표 모형'에 해당됩니다. 이러한 조직은 시장에서의 생산성

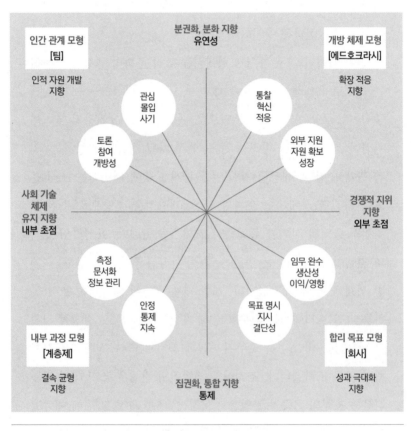

| 그림 1 | **퀸의 경쟁 가치 모형**(조직 문화)

과 이익을 지향하며 목표를 명시하고 지시적이며 결단력 있는 모습을 보인다는 특징이 있습니다.

퀸은 경쟁 가치 모형에서 제시한 조직의 모형에 따라 효과적인 리더십 스타일을 매핑하여 제시하기도 했습니다. 예를 들어, '인간관계 모형'에 해당하는 조직은 관계 중심적으로 소속감을 조직의 동기 요소로 바라보기 때문에, 배려하며 지원적인 촉진자와 조언자 스타일의 리더가 적합하다고 제시합니다. 반면, 개방 체계 모형에 해당하는 조직은 대외적인 성장을 조직의 동기 요소로 바라보기 때문에, 혁신적이고 외부 자원과의 중개 역할을 할 수 있는 리더를 필요로 한다고 제시합니다. 내부 과정 모형에 해당하는 조직은 조직의 안정화를 조직의 동기 요소로 바라보기 때문에, 체계적으로 정보를 문서화할 수 있도록 하는 감독자이자 체제를 유지할 수 있도록 갈등을 조정하는 리더들이 적합합니다. 합리 목표 모형에 해당하는 조직은 성취를 조직의 동기 요소로 바라보기 때문에, 해당 조직의 리더십은 지시자이자 생산자로서 생산성과 업무를 완수할 수 있도록 하는 사람이 효과적입니다.

필자들은 이러한 퀸의 경쟁 가치 모형에 따른 리더십 유형이 리더뿐만 아니라 동료들에게도 적용된다고 생각합니다. 조직에서 좋은 리더의 역할은 구성원들에게도 미덕으로 적용되는 내용이기 때

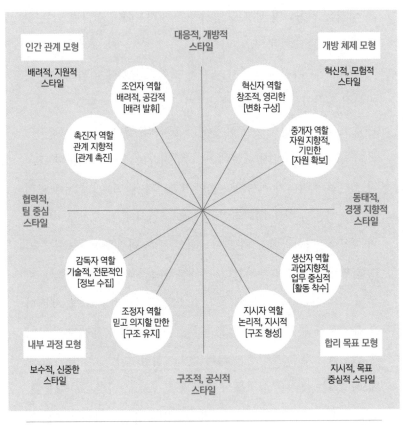

| 그림 2 | **퀸의 경쟁 가치 모형** (리더십)

문입니다. 다만 우리는 이러한 강점이 조직의 맥락을 고려하지 않고 '과용overdone'되었을 때를 생각해 보았습니다. 위에서 퀸이 제시하는 두 모형의 공통점은 '옳고 그름'이 없다는 것입니다. 조직

의 상황에 따라서 발현되는 문화의 유형이 있지만, 반드시 특정 유형을 배제하거나 다른 유형을 지향해야 한다는 것이 아닙니다.

이처럼 조직 문화는 조직을 둘러싼 내·외부 환경 변화에 따라서 유동적인 특성을 가집니다. 그러나 대부분은 본인이 추구해오던 가치를 무조건적으로 강요하는 경우에 문제가 발생합니다. 특정 조직에서만 근속한 구성원이 환경 변화에 대한 이해나 학습이 부족해서 과거의 가치를 답습하는 경우가 있습니다. 반대로 경력직 중심으로 구성된 조직에서 타인에 대한 이해와 배려 없이 본인이 이전 직장에서 경험한 가치들이 무조건 옳다고 주장한다면 동료들이 곤란해지기도 합니다.

예를 들어, 평소 본인의 경험을 바탕으로 조언을 잘 해주는 동료가 있다고 생각해 봅시다. 그 조언이 도움이 된다면 좋겠지만, 그 조언이 현재 나의 상황에 적합하지 않고 과하다면? 우리는 흔히 생각하게 되겠지요. '대체 왜 저래?'라고 말이죠.

사실 우리가 생각하는 좋은 동료와 이상한 동료는 매우 주관적입니다. 어떤 사람은 빌런에 가깝다고 생각하는 동료를, 누군가는 좋은 사람이라고 인식하기도 합니다. 왜 그럴까요? 상황과 맥락을 고려하지 않고 누군가의 강점을 지나치게 강조할 때, 우리는 그 과용되는 강점 때문에 피로를 느끼고 거부감을 갖게 됩니다. 즉 아무

리 상대방이 좋은 말을 하더라도 적정 수준을 지나친다면 우리는
상대방과의 다름을 그냥 인정하는 게 아니라 이상함이라고 받아들
일 수밖에 없기 때문입니다. 그래서 우리는 조직 문화에 따른 리더

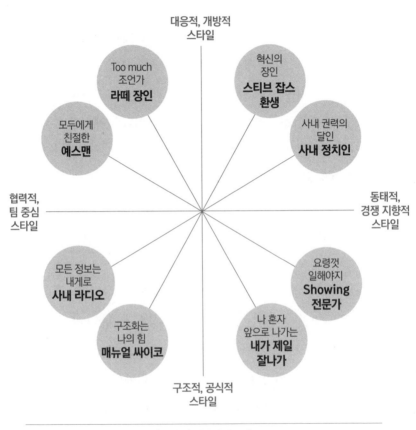

| 그림 3 | **경쟁 빌런 모형**

십의 유형을 비틀어서 조직의 상황과 무관하게 본인이 옳다고 생각하는 가치를 과도하게 추구해서 우리를 불편하게 만드는 사람들과 좋은 동료들의 '한 끗 차이'를 '경쟁 빌런 모형'을 통해 비교하고, 대응 방안을 찾아보려고 합니다.

01

창의적 아이디어로
변화를 선도하는 혁신가
vs.
본인이 스티브 잡스인 줄 아는
'스티브 잡스 환생'

회사에서는 늘 새로운 아이디어를 가지고 새로운 시도를 하도록 요구받습니다. 가끔은 나오지 않는 아이디어를 쥐어짜야 해서 괴로울 때도 많습니다. 그런 상황에서 옆 자리 동료가 신선한 아이디어를 낸다면? 고맙기도 하지만 한편으로는 '왜 나는 저런 아이디어를 못 낼까'라는 생각이 들기도 합니다.

창의적인 아이디어를 내는 사람들은 혁신을 이끌어냅니다. 발상의 전환을 통해 아예 새로운 시장을 개척하기도 하고, 새로운 제품이나 서비스를 만들어내기도 합니다. 우리가 사용하고 있는 모든 제품과 서비스들이 사실 창의적 아이디어를 통해 나온 '혁신'

의 산물이라는 걸 모르는 사람은 아무도 없습니다. 하지만 아이디어를 내고 그 혁신을 실행하는 과정은 결코 낭만적이지 않습니다. 그 과정에서 함께 일하는 동료들을 잘 이끌어가며 변화를 선도하는 혁신가들이 결국 성공을 끌어냅니다. 그런데 그 아이디어와 혁신에 너무 집착한 나머지 본인이 스티브 잡스인 줄 아는 사람들이 있습니다. 본인들의 아이디어와 창작욕에 심취해서 본인이 설정한 목표 달성에만 집착하며 주변을 전혀 돌아보지 않는 이들을 우리는 '스티브 잡스 환생'이라고 부르기로 했습니다.

우리 주변에서 볼 수 있는 창의적인 혁신가와 스티브 잡스 환생의 유형

✅ 창의적인 혁신가

세계적으로 가장 창의적인 공간의 상징과도 같은 실리콘 밸리. 실리콘 밸리의 메타META에서 오랜 시간 근무해 왔던 크리스 채는 〈실리콘 밸리의 사람들은 어떻게 일하나요?〉라는 책에서 혁신은 창의적으로 일할 수 있는 조직 문화에서 나온다고 이야기합니다. 자율과 책임을 전제로 한 인간 중심의 실리콘 밸리식 조직 문화는 구성원들이 조직 내에서 각자 책임감을 가지고 프로젝트를 주도해 나갈 수 있도록 한다는 것입니다. 또한 피드백과 실패를 두려워하지 않도록 하는 문화도 혁신을 끌어내는 원동력이라고 합니다. 직원들이 피드백을 두려워하지 않고 누구나 서로 피드백을 할 수 있도록 한다는 것입니다. 피드백을 통해 문제점을 제기하는 것이 아니라 더 나은 제안을 할 수 있도록 하고, 약점이라는 단어 대신 성장 영역이라는 표현을 통해 피드백으로 성장할 수 있도록 지원한다는 것이지요.

창의적인 혁신가를 생각하면 흔히 어떤 사람들이 떠오르시나요? 3D와 4D 영화라는 새로운 지평을 열었던 제임스 카메론 감독을 떠올려보면 이해가 쉽습니다. 제임스 카메론 감독은 〈터미네이터〉나 〈타이타닉〉, 〈아바타〉 시리즈를 제작하면서 환갑이 넘은 나이에도 계속해서 새로운 시도로 작품을 만들어가는 제작자이자 영화 감독으로 유명합니다. 환갑이 넘어서도 그는 상상을 영화로 옮기기 위해 화려한 컴퓨터 그래픽스CG와 새로운 세계관을 만드는 데 전문가들을 소집해서 도움받되 엄격하게 그 과정의 품질을 타협하지 않는 것으로도 유명합니다.

영화라는 작품은 혼자 만들어갈 수 없기 때문에 카메론 감독은 세계 일류 예술가들로 팀을 구성해 영화 속 등장 인물과 의상, 무기, 운송 수단을 포함하여 〈아바타Avatar〉의 배경인 '판도라 월드'의 환경을 설계했습니다. 그리고 언어학자들과 협업을 통해 〈아바타〉에 등장하는 종족만을 위한 언어를 만들었다고 합니다. 또한, 과학자들과 장벽 없이 토론을 하면서 영화 속 식물들이 왜 밤에 형광빛을 나타내는지, 어떤 원리로 하늘 위에 산이 떠 있는지 등에 대한 근거를 만들면서 판도라 월드의 세계관을 구체화했다고 합니다.

그리고 〈아바타〉가 엄청난 성과를 거두고 속편의 제작 아이디어를 고민하게 되었을 때, 제임스 카메론 감독은 제일 먼저 〈아바타〉 1편의 제작을 도운 주요 팀원들을 소집해 기술 전문가 회의를 개최했다는 일화가 전해지기도 합니다. 기술 전문가 회의에서, 제임스 카메론 감독은 가장 성공적이었던 부분이 무엇이고, 개선 여지가 있는 것은 무엇인지 토론하면서 더 나은 시도, 새로운 시도의 방향을 잡아갔다고 합니다. 기술 전문가 회의의 내용을 반영하면서 후속작을 만드는 데에는 13년이라는 시간이 걸렸지만, 제임스 카메론 감독은 "만약 그 회의가 없었더라면 후속작은 불가능했을 것이다"라고 언급하기도 했습니다.

제임스 카메론 감독은 완벽주의 성격 때문에 다른 사람들과 협업하기가 어려웠지만, 함께 일하는 과정에서 서로를 존중하면서 생기는 유대감이 중요하다는 것을 배웠다고 이야기합니다. 〈아바타〉를 제작하는 과정에서 유대감을 기반으로 한 협업으로 프로젝트를 성공적으로 이끌기 위해 노력했다고 인터뷰한 바 있습니다.

주변에서 창의적이되 사람들과 협업을 통해 혁신적인 성과를 팀으로 함께 만들어가는 일잘러 동료들을 본 적 있으신가요? 이들은 우리에게 제임스 카메론 감독처럼 창의력과 기술력, 나아가 추진력을 바탕으로 새로운 성과를 만들어갈 수 있도록 도와주는 최고의 동료가 되어줄 수 있습니다.

❌ 오피스 빌런: 스티브 잡스 환생

스티브 잡스 하면 무엇이 떠오르시나요? 현대 사회에서 비즈니스의 혁신을 이야기할 때 스티브 잡스는 절대 빼놓을 수 없는 인물입니다. 현재의 애플과 픽사를 이끌어낸 주역인 만큼, 스티브 잡스의 비즈니스 접근법은 다양한 케이스 스터디로 연구되기도 합니다. 스티브 잡스의 경영 철학은 기존 질서와 철저히 다르고, 새로운 것에 주의를 기울이고 포기하지 말아야 한다는 것으로 유명합니다. 애플사의 광고를 통해 스티브 잡스는 '세상을 바꿀 수 있다고 믿을 만큼 미친 사람들이 결국 세상을 바꾼다'라고 이야기하며 혁신의 중요성과 내용을 강조했고, 실제로도 혁신이 리더와 추종자를 구분하는 잣대라고 여러 번 이야기하기도 했습니다.

하지만 스티브 잡스가 좋은 동료, 좋은 상사로는 평가받지 못한다는 사실은 이미 유명합니다. 애플의 창업자였지만, 스티브 잡스는 직원들을 과도한 경쟁에 몰아넣고 갈등을 조장하면서 결국 본인이 설립했던 애플에서 쫓겨나기도 했습니다. 쫓겨나기 전 애플에서는 스티브 잡스가 직원들과 갈등이 심해 보직을 이동하는 조치를 취하기도 했습니다. 그렇지만 오히려 스티브 잡스가 옮겨간 부서의 팀장을 쫓아내고 자신이 진행하려고 했던 프로젝트를 계속 진행할 정도로 괴팍했다는 이야기도 유명합니다.

애플에서 쫓겨난 후 스티브 잡스가 창립한 넥스트NeXT라는 회사에서는 1년 동안 부사장급 9명 중 7명이 조직을 떠났을 정도로 함께 일하기 어려운 사람이라는 평가를 받았습니다. 이후 픽사의 최고 경영자CEO 시절에는 본인의 전문 영역이 아니었음에도 비즈니스를 컨트롤하려고 해서 '픽사의 흑역사'라는 비난을 받기도 했습니다. 오히려 프로젝트에서 스티브 잡스가 빠졌던 시기에 픽사의 작품인 〈토이 스토리〉가 '대박'이 나기도 했습니다. 프로젝트 팀을 이끄는 리더로서의 스티브 잡스는 함께 일하는 상사나 동료로 훌륭하지 않았던 것이지요.

그런 스티브 잡스도 다시 애플로 돌아왔을 때는 많이 바뀌었다고 합니다. 자신의 발언을 미화하는 것을 원치 않았고 대신 '용기 있는 피드백'을 통해 개선하려고 노력했다고 합니다. 하지만 그마저도 감정적이거나 본인의 호불호에 따라 수용 여부를 결정하는 등 일관성이 없어서 비난을 받았습니다. 그래서 스티브 잡스는 '가장 성공한 혁신가'라는 수식어와 '소시오패스형 리더'라는 두 가지 수식어를 모두 가진 혁신가이기도 합니다.

우리가 이야기하는 '스티브 잡스 환생'은 이와 같이 혁신적인 아이디어를 추진하되, 같은 팀인 동료로서 함께 성과를 만들어가는 것에는 부족한 사람들입니다. 본인의 아이디어에 도취되어 다른 사람을 쫓아내고 본인의 고집대로 프로젝트를 이어나갔던 스티브 잡스의 과거를 보면서, 사무실에서 혼자 혁신가를 자처하며 본인의 통찰력에만 스스로 감탄하는 누군가가 떠오르지 않으시는가요?

창의적 혁신가와 스티브 잡스의 환생, 무엇이 다른가?

창의적 혁신가와 스티브 잡스 환생을 결정 짓는 가장 큰 차이점은 피드백을 수용하고 다른 사람들과 함께 성공을 만들어가는 태도에 있습니다. 언제든지 '나도 실패할 수 있다', '나와 다른 관점에서 보는 의견이 성공에 큰 도움이 될 수 있다'는 피드백을 수용하는 태도는 매우 중요합니다. 혁신적인 아이디어가 있다고 하더라도 실행하는 것은 같이 일하는 동료와 팀입니다. 나 혼자 해나갈 수 없는 영역의 일들을 다양한 경험을 가진 이들과 함께 긍정적인 방향으로 만들어갈 수 있도록 하려면 피드백을 잘 듣고, 수용하고, 개선하려는 노력이 필요합니다. 혁신적인 아이디어를 냈다고 하더라도 창의적 혁신가와 스티브 잡스의 환생은 혁신을 추진하는 과정에서 차이를 보입니다.

창의적 혁신가는 다양한 아이디어를 가지고 있습니다. 그리고 그 아이디어를 구현하기 위해 이해 관계자들과 협업을 통해 실제화할 수 있습니다. 그 과정에서 본인과 다른 관점의 의견과 피드백이 있다면 열린 마음으로 수용하고, 아이디어 실현 과정에서 적용하면서 더 나은 방향으로 이끌어갑니다.

반면에 스티브 잡스 환생은 본인이 만들어가는 게 곧 길이고, 혁신이라고 생각합니다. 그래서 장애가 되는 요인이나 관련된 조언을 해주는 주변의 피드백을 수용하지 않습니다. 자신의 아이디어에 도취된 나머지 다른 사람들의 의견은 존중하지 않습니다. 팀으로 일하는 게 아니라 본인이 만드는 혁신에 다른 사람들은 얹혀 간다고 생각합니다. 그래서 주변의 이야기를 귀 기울여 듣지 않고 본인이 생각하는 맞는 방향만 고집합니다. 그리고 결과가 좋지 않을 때는 그 과정을 고집한 본인이 아닌 같이 협업한 동료들이나 주변 환경을 탓합니다. 결과적으로, 이 유형에 해당하는 사람들은 좋은 아이디어를 가졌을지라도 결코 같이 일하고 싶지 않은 사람입니다.

스티브 잡스 환생의 심리는 무엇일까?

창의성과 혁신성이 높은 사람들의 경우는 목표 지향성이 높은 것으로 나타납니다. 목표 지향성은 학습 목표 지향성learning goal orientation과 수행 목표 지향성performance goal orientation으로 나뉩니다. 학습 목표 지향성을 가진 사람은 새로운 지식과 기술을 학습하고 발전시키는 과정에서 실패를 감수하려는 동기를 가지고 있습니다. 즉 이들은 새로운 변화에 개방적인 사고를 가지고 학습하며 실패를 두려워하지 않습니다. 다른 사람들과 협업을 통한 학습에도 호의적인 성향을 보입니다. 그래서 학습 목표 지향성이 높은 사람은 창의성과 혁신성이 높게 나타납니다. 반면에, 수행 목표 지향성을 가진 사람도 학습 자체에는 호의적이지만 이를 통해서 목표를 달성하기 위한 기회와 가능성에 주안점을 두고 있습니다. 수행 목표 지향성을 가진 사람의 동기는 목표를 달성함으로써 얻어지는 외적인 결과에 있습니다.

스티브 잡스의 환생은 학습 목표 지향성이 아니라, 수행 목표 지향성만 지나치게 강한 경우라고 할 수 있습니다. 수행 목표 지향성을 가진 사람들은 스스로의 능력을 타인과 비교, 경쟁을 통하여 입증하고자 하며, 다른 사람들에게 본인이 어떻게 보여질 것인지에 관심을 가지고 있습니다. 그래서 실패에 대한 두려움을 가지고 있으며 어려운 과제를 만나면 불안, 우울, 실패에 대한 두려움 등의 부정적인 정서를 경험합니다. 이들은 주변의 긍정적인 기대가 있을 때에는 좋은 태도와 정서, 자아 개념을 보이지만, 부정적인 피드백이나 어려운 직무 수행이 이어지는 경우에는 공격적인 태도를 보이기도 합니다.

한편, 창의성과 혁신성이 높은 사람들의 특성으로는 직무 배태성job embeddedness이 높게 나타나기도 합니다. 직무 배태성이란 조직에 단단히 뿌리를 내리고자 하는 의지, 즉 현재 직장에서 네트워크를 형성하며 근속하고자 하는 의지를 나타냅니다. 직무 배태성이 높은 사람들은 직장, 업무, 주변 환경 등이 본인과 적합하여 잘 맞는다고fit 인식하고 있으며, 회사를 둘러싼 다양한 집단 및 사람들과 자신이 밀접하게 연결되어 있다고 생각합니다. 이러한 안정적인 상황에서 직장을 떠날 경우 포기해야 하는 기회비용(예: 지금까지 쌓아둔 평판 등)을 고려하기 때문에 이직 의사가 낮으며, 조직과 구성원을 위해 스스로 희생할 의지도 있습니다.

직무 배태성이 높아서 조직과 일에 대한 의지가 강한데, 학습목표 지향성과 수행 목표 지향성도 높은 사람이라면 어떨까요? 가장 성공적이고 이상적인 동료의 모습일 것입니다. 오픈 마인드로 학습을 통해 새로운 시도도 다양하게 해볼 것이고, 또 이를 통해 얻는 결과에도 욕심을 낼 수 있으므로 결과적으로 혁신을 통해 좋은 성과를 낼 수 있도록 하는 동료겠지요.

하지만 직무 배태성이 높으면서 수행 목표 지향성만 높은 경우는 어떨까요? 흔히 우리는 본인이 성공 경험을 여러 번 쌓은 경우, 새로운 학습을 통한 시도와 변화를 끌어내기보다 과거의 성공 경험에 의지하여 자기 확신에 따라 보여지는 결과를 내는 것에 집착하는 수행 목표 지향성이 높아지는 경우들을 보게 됩니다. 거기에 우려 섞인 피드백이나 의견을 내는 것에 대해 일과 자신을 분리하지 못하고 피드백의 대상이 자기 자신이라고 동일시하여 공격적인 태도를 보이게 됩니다. 업무를 통해서 본인의 유능함이 돋보여야 하는데 오히려 공격을 받는다고 생각하기 때문입니다. 만약 이러한 사람들이 실패를 경험할 경우, 이 사람들은 다른 사람들에게 무능하게 보이지 않도록 회피하려는 모습을 보이게 되며, 실패에 대한 변명으로 자기 자신을 방어하는 전략failure-avoiding strategies을 사용합니다. 실패의 귀인이 나 자신을 제외한 외부 환경, 나를 지지해 주지 않았던 동료와 팀에게 돌아가게 되는 것이지요.

결론적으로, 우리가 주변에서 보는 스티브 잡스의 환생과도 같은 사람은 직무 배태성이 높으면서 수행 목표 지향성이 지나치게 높은 경우에 해당됩니다. 스티브 잡스의 환생은 스스로 자신의 창의성, 뛰어남을 잘 알고 있을 가능성이 높습니다. 그리고 실제로 회사에서 몇 번의 성과도 냈을 것입니다. 하지만, 그 사람은 함께 일하는 동료로서는 함께 하기에 불편한 사람입니다. 본인의 목표 달성에만 집중하고, 피드백을 공격으로 인식하며 자기 방어가 뛰어나고, 결국 어떻게 해서든지 본인이 원하는 대로 이끌어가되 결과적으로 모든 성공도 본인의 몫으로 돌리는 사람이기 때문입니다. 그 사람에게는 앞서 이야기한 것처럼 남에게 보여주기 위한 목표 달성, 보여지는 유능함이 매우 중요한 가치이기 때문에 성공은 내 덕, 실패는 동료와 환경 탓이 매우 자연스럽습니다. 혹시 이 글을 읽으면서 사무실에 있는 다른 누군가가 바로 떠오르지는 않나요?

오피스 빌런 스티브 잡스 환생과 함께 일하기 위해 우리는 어떻게 해야 할까?

일을 추진하는 과정에서 스티브 잡스 환생과 갈등이 발생하는 근본적인 원인은 혁신성과 실현 가능성의 판단에 대한 의견 차이로 볼 수 있습니다. 우리가 판단하기에 혁신성이나 실현 가능성이 낮아 보여서 다른 방법을 제시하더라도 현실적으로 이들을 설득하기가 쉽지 않습니다. 빌런의 아이디어에 대한 비판적인 의견은 본인에 대한 직접적인 공격이라고 받아들일 가능성이 높기 때문이죠.

〈그림 4〉와 같이 좀 더 구체적으로 살펴보면 빌런의 주장과 달리 실현 가능성은 높으나 혁신성이 낮은 경우(의견 A), 혁신성도 실

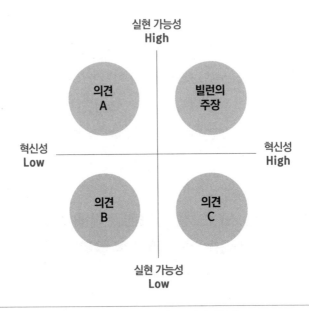

|그림 4| **혁신성과 실현 가능성의 사분면**

현 가능성도 모두 낮은 경우(의견 B), 혁신성은 높으나 실현 가능성은 낮은 경우(의견 C)의 상황으로 구분될 수 있습니다. 아이러니하게도 우리는 A 또는 C라고 판단했음에도 불구하고 현실은 혁신성과 실현 가능성이 모두 낮은 최악의 B일수도 있고, 반대로 빌런의 주장이 정답일 수도 있습니다. 실제 업무의 효과성은 단기간에 파악하기가 어려우므로 현실과 의견의 괴리는 논외로 하겠습니다. 다만 이러한 상황에서 우리가 빌런과 의견 충돌이 발생할 때 어떻

게 슬기롭게 대처해야 할지를 함께 고민해보고자 합니다.

◎ 빌런의 주장이 혁신성이 낮은 경우 = 의견 A

빌런은 본인의 아이디어가 혁신성과 실현 가능성이 높다고 주장하지만, 우리가 아무리 검토해도 혁신성이 낮은 것으로 판단될 때가 있습니다. 일반적인 상황에서는 빌런의 주장과 유사한 방안을 먼저 도입한 기업의 사례 등을 참고로 적정 선에서 조율하며 새로운 방안을 마련할 수도 있지만, 우리의 빌런은 피드백 능력이 부족합니다. 따라서 이들의 주장에 대해서 직접적인 반론은 하지 않는 것이 좋겠습니다. 그렇다면 우리가 할 수 있는 방안은 빌런의 주장에 대해서 동의하며 혁신적인 것처럼 보이는 극단적으로 디테일한 방안을 함께 제시하는 것입니다.

'부서 운영비 절감'이라는 과제가 주어진 상황을 가정해 봅시다. 우리의 빌런은 비용 모니터링을 위해 법인카드를 사용하면 수기로 장부를 작성해서 모두가 볼 수 있는 공간에 걸어 두자고 제안합니다. 장부를 관리하는 담당자도 지정해야 하는데 예상하다시피 빌런 본인은 담당자가 되고자 하는 의지는 없습니다. 법인카드 지출결의 시스템이 구비되어 있는 회사라면 이러한 관리는 전혀 의미가 없습니다. 쓸데없는 행정 업무만 늘어날 뿐 혁신적이지도 않죠.

이러한 상황에서 우리는 빌런의 주장이 좋은 아이디어라고 칭찬하며 더욱 터무니없는 방안을 함께 제시해서 실현 가능성을 더 형편없게 낮춰버릴 수도 있습니다. 예컨대 법인카드를 사용한 사람은 장부에 사용 내역을 기록할 뿐만 아니라 영수증도 반드시 첨부하게 하고, 영수증에 기재된 내역이 실제 구매한 물건과 동일한지 확인을 해야 하므로 증빙 사진도 제출하도록 구체적인 방안을 제시하는 것이지요. 그리고 취지인 비용 모니터링을 위해 증빙 사진을 찍을 때에는 화면 상단에 시계가 보이도록 안내하며, 사진의 화질, 크기 등에 대한 기준도 아주 구체적으로 지정해줍니다. 법인카드 수기 장부 양식과 증빙 자료 첨부 기준 등을 모두 구체화해서 전사에 도입하자며 빌런의 이야기에 살을 붙여서 '더 불편한' 아이디어로 발전시킬 수도 있습니다.

똑똑한 빌런이라면 본인에게 반항한다는 사실을 눈치챌 수도 있습니다. 명심해야 할 점은, 표면적으로는 빌런의 의견에 동의하며 힘을 실어주고 있다는 것입니다. 만약에 빌런이 눈치를 채고 무언가 이상하다고 반문한다면 함께 더 좋은 방안을 고민해서 의견을 제시한 것이라고 이야기하면서 분위기를 반전시켜 보는 것을 추천합니다. 그리고 혁신적이지도 않고 실현 가능성도 낮은 방안을 최종적으로 정리하고 보고하는 것은 반드시 빌런의 몫으로 남겨둬야 합니다. 그의 혁신적인 아이디어에 모두가 깜짝 놀랄 수 있게 말이죠. 그 이후에 일어날 일들은 상상에 맡기도록 하겠습니다.

◎ 빌런의 주장이 혁신성과 실현 가능성이 모두 낮은 경우 = 의견 B

우리의 빌런은 혁신성도 실현 가능성도 낮은 터무니없는 주장을 하는 경우가 있습니다. 기본적인 대응 방안은 위와 비슷합니다. 이 경우에도 혁신성과 실현 가능성을 모두 낮추는 새로운 방안들을 함께 제시해서 실무적인 책임을 빌런이 지도록 하는 것입니다.

우리의 빌런이 공들여 준비한 법인카드 수기 장부 도입 방안이 좌절되고 나서, 복합기 비용 및 복사 용지 절감을 위해 아이패드를 쓰자고 제안했다고 가정해 봅시다. 모든 문서는 아이패드를 사용해서 소프트 카피로만 보고하고, 복합기를 없앤다면 렌탈 비용, 복사 용지 비용 등을 절감할 수 있다는 주장입니다. 얼핏 보면 그럴듯해 보이지만 회사 특성상 하드 카피 문서가 없다면 업무에 차질이 발생하기 때문에 실현 가능성이 굉장히 낮습니다. 이번에도 승인이 안 될 것 같다는 말이 혀끝을 맴돌지만 차마 이야기를 꺼낼 수가 없습니다. 따라서 우리는 비용 절감을 위한 다른 방안들을 좀 더 교묘하게 제시해봅니다.

빌런이 이야기한 복합기 비용 절감을 위해, 복합기의 전력 소모량이 많다는 점을 친절하게 짚어주며, 전기를 절약할 수 있는 다른 방법도 함께 고민해보자고 합니다. 천장에 형광등이 일정 간격으로 두 개씩 설치되어 있지만 하나씩 뽑아도 크게 어두워지지 않으니 형광등은 하나만 쓰자고 합니다. 직원들이 회사에 음식을 가져오지 못하게 하고 탕비실 냉장고를 없앤다면 불필요한 비용을 아낄 수 있다고도 말해봅니다. 화장실에 설치된 비데도 전기 소모량이 높으니 없애도 될 것 같다며 더 다양하고, 더 질이 낮은 아이디어들로 그의 의견을 지지합니다.

참고로 당초 주어진 과제의 취지는 불필요한 부서의 비용을 효율화하자는 것이지 비상 경영 체제에 따른 비용 감축은 아니었습니다. 그럼에도 우리의 빌런이 다양한 아이디어를 끌어낸 본인의 리더십과 혁신적인 방안들에 스스로 감탄할 수 있도록 우리는 계속해서 그의 불타는 의지에 장작을 때서 불을 붙입니다. 그리고 빌런이 의기양양하게 뽐낼 수 있도록 합니다. 그때 쯤이면 모두가 알게 됩니다. 빌런이 정말 '빌런'이라는 사실을요. 그리고 빌런이 해결해야 했던 과제는 빌런의 노력과 무관하게 다른 사람들의 협조를 통해 해결되는 모습을 볼 수 있을 것입니다.

◎ 빌런의 주장이 실현 가능성이 낮은 경우 = 의견 C

온라인을 통해 국내외 선진 기업의 현황과 제도 등을 접할 수 있는 기회가 많아지면서 이를 맹목적으로 추종하는 빌런이 있습니다. 회사의 특성과 상황을 고려하여 도입 가능성에 대한 신중한 검토가 필요하지만 타 기업의 모범 사례best practice가 우리 조직에도 무조건 최선의 방안이라 생각합니다. 본인을 지지해 주지 않는 동료들에게 서운한 감정을 느끼고 때로는 화를 내기도 합니다.

이번에는 '회의 문화 개선'이라는 과제를 가정해 봅니다. 우리의 빌런은 우연히 어느 날 링크드인Linkedin에서 접한 미국 기업의 회의 문화를 떠올려봅니다. 구성원들이 회의실 바닥에 엎드려서 두 손으로 몸을 지탱하는 불편한 플랭크 자세로 회의를 하면, 불필요한 발언이 줄어들어서 회의 시간을 획기적으로 감소시킬 수 있다는 것입니다. 그러나 우리 부서는 모니터를 통해 꼼꼼히 자료를 검토하며 회의를 해야 하는 경우가 많고, 무엇보다 임산부도 있어서 바닥에 엎드려서 회의를 한다는 것이 현실적으로 쉽지 않은 상황입니다. 그럼에도 불구하고 빌런은 회의 문화를 선진적으로 개선하기 위해 검토해 보자며 해외의 사례를 벤치마킹한 회의 문화 혁신을 주장합니다.

큰 틀에서 대응 방안은 위와 유사하지만 극단적인 디테일과 새로운 방안들로 빌런의 주장을 흐리는 방법은 위에서 이미 사용되었다는 점을 상기해봅시다. 그러므로 우리는 빌런을 불편하지 않게 하는 선에서 개선 의견을 제시할 수 있습니다. 플랭크 회의를 제안한 빌런의 아이디어에 감탄하며, 손이나 팔이 불편해서 엎드린 자세를 유지하기가 어려운 경우에 한해 스쿼트 자세로 참여하는 규칙을 제안하는 것입니다. 빌런이 정한 목표와 원칙을 유지하므로 실무적인 책임은 빌런에게 있지만 의견 충돌 없이 협업할 수 있는 방안을 제시해볼 수 있습니다.

그렇게 하면 우리의 빌런은 링크드인을 통해 글로벌 트렌드를 선도적으로 파악하고, 구성원들의 의견을 수렴하여 자료를 준비한 본인의 역량에 감탄하며 회의 문화 개선에 대해 보고를 합니다. 그리고 그 보고로 본인이 빌런이라는 것을 여러 사람들에게 알리게 됩니다. 연이은 실패 경험을 한 빌런이 메타인지metacognition, 즉 본인을 객관적으로 진단할 수 있는 역량을 가진 사람이라면 성찰을 통해서 개선의 여지를 기대할 수도 있습니다. 그렇게 해서 빌런을 탈출하여 좋은 동료, 좋은 리더가 된다면 더할 나위 없이 좋습니다. 무언가 계속해서 아이디어를 내고 있다는 것 자체가 다음 기회에는 정말 혁신적이고 실현 가능성이 높은 방안을 제시할 수 있는 잠재력이 있다는 것이기 때문입니다. 그러나 수행 목표 지향성만 높고 여전히 본인 의견만 최선이라고 생각하는 빌런은 뛰어난 본인을 알아보지 못하는 회사와 주변 환경을 탓하며 결국에는 자의적으로 혹은 타의적으로 조직을 이탈하게 될 가능성이 높습니다.

◎ '회사'와 일'이라는 특성에 대하여

위의 사례를 통해서 우리는 빌런의 주장에 대해서 표면적으로는 지지하고 동의함으로써 의견 충돌을 피하는 방안들을 집중적으로 살펴보았습니다. 혁신적이지도 않고 실현 가능성도 낮아 보이는 주장을 하는 빌런과 함께 일하기 위해 우리는 왜 고민을 하고 노력을 기울여야 하는 것일까요? 회사는 불완전한 우리가 모여서 함께 일하는 곳이며, '일'이라는 것은 단기적으로는 옳고 그름을 판단하기가 어렵기 때문입니다.

현재 시점에서 우리가 판단하기에 혁신성과 실현 가능성이 낮아 보이는 일이 장기적으로는 더욱 올바른 방향일 수도 있습니다. 위의 혁신성과 실현가능성의 사분면 그림에서 어쩌면 우리의 의견

(A, B, C)은 모두 틀리고 빌런의 주장이 정답일 수도 있다는 것입니다. 이러한 불확실한 상황에서 최종적인 의사 결정은 경영진의 판단에 달려있기 때문에, 실무자로서 우리는 충돌을 피하고 유연하게 협업해야 합니다.

위의 '부서 운영비 절감' 사례를 다시 예로 들어봅니다. 경영진이 회계감사 대응을 위해 현재 조직에서 법인카드 사용에 대한 투명한 관리가 필요하다고 판단한 상황을 가정해 봅시다. 그래서 빌런의 보고서가 채택되고 실행됨으로써 소기의 목적이 달성되었다면, 이는 빌런과 우리가 함께 만들어낸 성과입니다. 만약 우리가 빌런의 의견을 전혀 존중하지 않고 소모적인 의견 충돌만 있었다면 상처만 남았을 것입니다. 비록 빌런과 협업하는 과정이 순탄하지는 않았지만 이를 통해서 여러분은 경영진으로부터 인정받는 성과도 창출하고 한 단계 더 성장하였습니다.

02

외부 환경에 맞춰
효과적으로 대응하는 브로커
vs.
본인이 드라마 주인공인 줄 아는
'사내 정치가'

세상의 변화는 정말 빠릅니다. 변화의 주기도 점점 더 빨라지고 있습니다. 변화에 빠르게 대처할 수 있는 사람들이 성공하고, 성장할 수 있는 시대입니다. 그래서 많은 사람이 시대의 변화에 뒤처지지 않기 위해 다양한 노력을 기울입니다. 끊임없는 자기 계발의 시대라고도 합니다. 그런 상황에서 효과적으로 변화에 적응하려면 우리는 어떠한 노력을 기울여야 할까요?

외부 환경에 효과적으로 대응하는 사람들은 다른 사람들과 교류하면서 변화에 대응하는 사람들입니다. 그리고 그 변화의 결과물은 혁신을 낳습니다. 반면에 그 변화에 적응하지 못한 사람들은 다른 방식으로 조직에서 살아남으려고 합니다. 바로 '사내 정치'를 통해서입니다. 어느 조직에나 자신의 실력을 키우려고 하지 않고 오로지 사내 정치만으로 다른 사람들을 이용하고 자신의 자리를 지키기 위한 권모술수權謀術數로 대응하는 사람들도 존재합니다. 사내 정치에 대한 다양한 통계 조사 결과들은 이를 증명하고 있습니다. 2019년 잡플래닛의 설문 조사에서, 사내 정치와 파벌이 매우 많다고 응답한 비율은 39.1%였습니다. '일부 있다'고 답한 44.2%까지 합치면 83.3%이므로, 직장인 10명 중 8명이 사내 정치를 경험하고 있다는 의견을 보면, 생각보다 우리 주변에 사내 정치를 고민하는 사람들이 많다는 것을 알 수 있습니다. 마치 자신이 정치 드라마의 주인공인 것처럼, 위기를 극복하는 정치적 기술을 수려하게 펼친다고 생각하지만, 그런 사람들로 인해 다른 사람들의 퇴사 욕구만 강해지는 경우를 우리는 자주 목격합니다.

외부 변화에 대응해서 자신이 변화하고 학습하기보다, 내부 환경의 변화에만 촉각을 세우고 조직 내에서 권모술수로 수단과 방법을 가리지 않고 정치만 하는 사람들. 우리는 이들을 '사내 정치가'라고 부르기로 했습니다.

우리 주변에서 볼 수 있는 브로커와 사내 정치가의 유형

✅ 외부 환경 변화에 효과적으로 대응하는 브로커

우리나라에서 현재 가장 유명한 프로듀서PD를 손꼽으라면 누구를 생각하시나요? 〈삼시세끼〉, 〈꽃보다 청춘〉, 〈신서유기〉, 〈지구 오락실〉 등을 연출한, 방송계에서 '미다스의 손'으로 불리는 나영석 PD가 대표적 인물일 것입니다. 나영석 PD는 전통적인 공중파 TV프로그램인 〈1박 2일〉에서 출발해서, tvn이라는 비지상파 채널을 거쳐 현재는 유튜브를 중심으로 실험적인 활동들을 하고 있습니다. 나영석 PD는 본인의 유튜브 채널인 〈채널 십오야〉에서 런칭한 프로그램의 반응이 좋으면 TV에 일부 편집본을 방영하거나, TV에 방영된 내용의 미방송분을 유튜브에 더 길게 내보냄으로써 유튜브와 TV라는 매체를 오가며 다양한 활약을 보이고 있습니다. 각 매체별 타겟 연령대를 고려한 콘텐츠들을 제작, 편집하면서 승승장구하는 모습을 보입니다.

나영석 PD가 새로운 변화에 적응하는 과정은, 그가 운영하는 유튜브 채널을 통해 확인이 가능합니다. 예를 들어, 나영석 PD가 운영하는 유튜브의 〈나불나불〉이라는 콘텐츠의 경우, 나영석 PD가 유명 웹툰 작가인 이말년의 유튜브 채널에 출연하여 '유튜브 채널 운영 방식이 TV 프로그램 연출 방식과 달라서 어렵다. 많은 구독자를 보유한 이말년의 채널에서 배우겠다'며 이말년과 실시간 소통을 하던 구독자들의 의견을 듣고 개발한 유튜브 콘텐츠입니다. 또한 〈소통의 신〉이라는 유튜브 콘텐츠의 경우는 나영석 PD가 자신을 어려워하는 후배들과 소통하는 과정을 촬영해서 만든 콘텐츠입니다. 그 역시 유튜브라는 익숙치 않은 제작 환경뿐만 아니라 후배들과의 소통에서 어려움을 겪고 있다는 것을 구독자들은 콘텐츠를 통해 알게 됩니다. 나아가 그가 어려움을 해결하는 방식 또한 다양한 사람들과의 소통, 그리고 다른 사람의 이야기를 수용하고 개선하는 방식이라는 것도 알 수 있습니다.

나영석 PD는 흥미롭게도 새로운 도전에 주저함이 없습니다. 한 인터뷰에서 '좋은 프로그램은 새롭고, 재미있고, 의미가 있어야 한다. 그리고 가장 우선되어야 하는 것은 새로운 것이다'라고 언급하기도 했습니다. 그리고 도전 과정에서 같은 동료나 후배들의 이야기를 듣고 개선하는 데 주저함이 없습니다. 유독 공동 연출을 많이 하며 후배들을 이끌기도 하는데, 본인 스스로는 '트렌드에 대해서는 더 잘 아는 후배들과 프로그램의 본질을 훼손하지 않으면서 성공하기 위해서'라고 이야기하곤 합니다. 그 결과 현재까지 유튜브와 방송 채널에서 모두 화제성을 놓치지 않는 프로그램을 만드는 모습을 보입니다.

외부 환경 변화에 효과적으로 대응하며 성공을 만들어나가기 위해 도전하는 사람, 그리고 그 과정에서 여러 동료들과의 협업을 통해 피드백을 수용하는 사람. 혹시 주변에 그러한 동료를 보신 적 있나요? 언젠가 누군가에게 어떠한 동료로 기억되고 싶냐는 질문을 받는다면, 외부 환경에 효과적으로 대응할 수 있는 도전과 성취, 커뮤니케이션이 모두 탁월한 캐릭터로 기억되는 것은 어떨까요?

❌ 본인이 드라마 주인공인 줄 아는 사내 정치가

회사는 이익을 위해 모인 사람들이 구성한 조직입니다. 이익을 실현하기 위해 함께 규칙을 만들고, 그 규칙 안에서 각자의 역할을 수행하는 사회라고도 할 수 있습니다. 그렇다 보니 조직 내에서도 본인의 이익을 추구하기 위해, 더 나은 이익을 얻기 위해 권력을 행사하고 영향력을 발휘할 수 있도록 하는 정치적인 세력은 생겨날 수밖에 없습니다. 사실, 사내 정치는 아주 자연스러운 일입니다. 그런데 그 사내 정치만 하러 회사에 오는 동료라면 함께 일하기는 매우 곤란해집니다.

〈더 지니어스〉, 〈소사이어티 게임〉, 〈데블스 플랜〉 등 여러 참여자가 두뇌 게임을 통해 생존하는 서바이벌 프로그램을 보고 있으면 사회의 축소판으로 느껴질 때가 있습니다. 그 안에서도 뛰어난 역량을 가진 참가자가 혼자 문제를 다 해결하기도 하고, 너무 뛰어난 사람을 다른 사람들이 경계하면서 오히려 탈락하도록 유도하기도 합니다. 그리고 게임에서 이기기 위해 서로 연합을 맺고 그 안에서 정치적인 세력을 구축하여 서바이벌 게임에서 생존을 목표로 함께 참여하기도 합니다. 각 프로그램을 보다 보면, 등장하는 캐릭터들 중에서 본인에게 유리한 환경을 만들기 위해 다른 사람의 배신을 유도하거나 이간질을 일삼는 캐릭터들이 있습니다. 그러한 캐릭터들을 보면서 많은 시청자들은 능력을 발휘하지 않고 정치로만 생존하는 캐릭터라며 비난합니다. 하지만 잘 생각해 보면 그와 같은 캐릭터들은 우리 주변에도 늘 있습니다.

회사에는 항상 가장 기본적이자 중요한 '일'을 완수하기보다는 '관계'에서 본인의 영향력을 확인하고 확장하는 것을 우선 순위로 두는 사람들이 있습니다. 조직 내에서는 일반적으로 '라인'을 형성하는 모습을 보이는데, 그러한 사내 정치가가 형성한 이너서클에 속한 사람도 혹은 속하지 않은 사람도 불안하게 만들기는 매한 가지입니다. 왜냐하면 사회라는 곳은 영원한 동료도, 영원한 적도 없기 때문이죠. 사내 정치가가 판단하기에 이너서클에 속한 사람이라도 본인의 책임 회피를 위해 누군가를 희생시켜야 한다면 언제든 내쳐질 수 있습니다. 또한 그동안 배척했던 인물이라도 어떠한 계기로 효용 가치가 있다고 생각한다면 어느 순간 같은 편이 될 수도 있습니다. 이처럼 사내 정치가는 조직 내에서 사람들 간의 관계에서 우위를 점하고 본인의 이득을 위해 이를 이용하는 데에 탁월한 재능이 있습니다.

사내 정치가가 영향력을 발휘하여 어려워 보이는 일들이 수월하게 해결하고, 이러한 성과를 인정받아 조직 내에서 승승장구하는 사례들을 직접적으로 혹은 풍문을 통해 쉽게 접할 수 있습니다. 그러나, 외부적인 요인이 우연히 해소되어서 일이 해결된 것은 아닌지, 또는 사실은 어려운 일이 아님에도 본인을 과시하기 위해 잘못된 정보를 퍼트린 것은 아닌지, 혹은 실제로 문제를 해결했음에도 불구하고 인정받지 못한 그 누군가가 있는 것은 아닌지 객관적으로 판단할 필요가 있습니다.

독자분들 중에서 사내 정치가와 본인을 비교하며 스트레스를 받는 분들이 있다면, 결코 여러분의 노력과 역량이 부족한 것이 아니라는 점을 명심하셨으면 좋겠습니다. 이들은 사람들 간의 관계 속에서 본인에게 유리한 기회를 포착하고, 결정적인 순간에 전면에 나서거나 발을 빼는 것에 능숙할 뿐입니다. 경쟁이 치열한 사회에서는 이러한 스킬도 물론 중요하지만 '정치' 자체가 개인의 행복과 성공의 전제 조건이 될 수는 없습니다. 그리고 뒤에서 더욱 자세하게 이야기하겠지만 사내 정치가도 그 이면은 누구보다도 더욱 큰 불안감을 느끼고 고민하는 사회 구성원의 한 유형일 뿐입니다. 지금부터 이들의 특성을 이해하고 유연하게 대응하기 위한 방안을 함께 고민해 보겠습니다.

효과적으로 외부 환경에 대응하는 브로커와 본인이 드라마 주인공인 줄 아는 사내 정치가, 무엇이 다른가?

외부 환경에 효과적으로 대응하는 브로커들의 특징은 학습 민첩성learning agility이 있다는 것입니다. 학습 민첩성은 외부 환경의 변화를 빠르게 감지하고, 새로운 환경에서도 빠르게 학습하고 생각과 행동을 유연하게 변화하는 역량으로, 경험으로부터 학습하고

자 하는 의지와 역량을 의미합니다. 롬바르도^{Lombardo}와 아이힝어^{Eichinger}라는 학자에 따르면, 학습 민첩성이 높은 사람들은 자기 자신에 대해 잘 알고, 경험으로부터 배우며, 다른 사람들에게 적극적으로 피드백을 구하면서 변화를 위해 노력하는 대인 민첩성^{people agility}과, 새로운 관점을 가지고 문제를 분석하고 해결하는 사고의 민첩성^{mental agility}, 변화에 대한 도전을 주저하지 않고 이를 통해 새로운 것을 배우고 성장하는 데 적극적인 변화 민첩성^{change agility}, 새로운 상황에서도 다른 사람들을 독려하여 좋은 결과를 이끌어내는 결과 민첩성^{result agility}을 가지는 것으로 제시된 바 있습니다.

반면 사내 정치가들의 경우 외부 환경의 변화에 본인이 학습하려는 의지를 가진 것이 아니라, 그렇게 의지를 가지고 변화를 시도하는 사람을 자신에게 위협적인 사람이라고 간주하여 정치적으로 위협하거나 이용하는 태도를 가지는 이들입니다. 이들은 본인의 지위를 그대로 유지하는 것이 목표이기 때문에, 능력있는 사람을 곤란하게 만들어서 자신과 같이 권력을 유지하고자 하는 이들과 함께 능력있는 사람을 공격하고 모함하는 태도를 취합니다. 조직 구조가 고착화되어 바뀌지 않으려면 기존에 형성된 권력 관계가 유지되어야 하므로, 이들은 조직의 목표나 성과 달성이 아닌 본인들이 생각하는 자신의 정치 집단 혹은 정치적 리더가 잘되는 것에만 집중하는 경향이 나타납니다.

조직의 목표 달성이 아닌 본인들의 정치적 목표 달성, 자신들의 정치적 라인에 포함된 사람들의 인사 고과나 승진 밀어주기 등을 일삼는 사람들을 보면 어떤 생각이 드시나요? 아, 나는 절대 저렇게 되지 말아야겠다, 라는 생각이 드시나요? 여러분은 사내 정치가 지겨워져서 퇴사까지 고민한 경험은 없으신가요? 대체 사내 정치가들은 왜 그러한 행동을 보이는 것일까요?

사내 정치가의 심리는 무엇일까?

사내 정치에 대한 고민은 다양하게 이루어져 왔습니다. 미국이나 유럽에서는 조직정치학organizational politics이라는 학문의 한 분야로서 연구가 활발하게 이루어지기도 합니다.

사실, 조직은 절대 공평하지 않습니다. 많은 사람은 '왜 우리 회사는 공정하지 않지?'에 늘 의구심을 가지지만, 거꾸로 그렇다면 '공정한 회사는 어디일까?'를 유추해 보아야 합니다. 모든 사람들에게 공정한 회사는 단언컨대 없습니다. 회사라는 집단 자체가 영리를 추구하고, 그 과정에서 성과를 잘 내는 사람과 아닌 사람을 구분하고 있기 때문에, 조직에서 성과를 둘러싼 다양한 요소들을 고려한다면 모두가 공정하고, 옳고, 만족해하면서 '우리 회사는 완벽해!'를 외치는 것은 불가능에 가까운 일입니다. 그렇다 보니 조직의 한정된 자원과 기회 내에서 많은 사람은 '나에게 더 유리한 방법'을 찾기 위해 노력합니다. 이에 따라 나와 이해 관계가 맞는 사람들 또는 나를 지지해줄 수 있는 사람들과 관계를 맺고, 조직에서 더 큰 영향력을 발휘해서 자원과 기회가 나에게 돌아올 수 있도록 분위기를 조성하려고 하는 것이 모든 사람들의 본능적인 태도입니다.

다만 사내 정치에만 몰두하는 사람들은 조직의 목표가 아닌 본인의 이익 또는 본인이 속한 정치적 조직의 이익에만 관심을 두다 보니 조직 내에서 역기능을 일으킵니다. 모든 사람들이 사내 정치에만 관심을 둔다면 당연히 조직 문화는 협업이나 신뢰 등을 가지기 어렵고 서로에게 배타적일 수밖에 없습니다. 모든 구성원들이 사내 정치에만 관심을 둘 경우, 불필요한 방향으로 시간과 노력을 소모하며 에너지를 투입하게 될 것이고, 궁극적으로 조직에서의 성과도 나빠지게 됩니다. 또한 자신과 다른 정치적 집단에 속해있는 사람들을 비난하고 공격하거나, 정보를 왜곡하여 이간질하고, 권력자에게 아부하며 파벌을 조성하게 되겠지요. 그럼에도 불구하고 사람들은 왜 사내 정치에 몰두하는 것일까요?

사내 정치에 대한 연구에 따르면 직무 수행에서의 자율성이 떨어지고, 조직 내 기술 다양성이 없다고 느끼는 경우, 회사에서 수행하는 역할이 모호하다고 느껴지는 경우, 조직에서 상사나 동료의 피드백 환경이 호의적이지 않다고 느끼는 경우, 조직의 승진 기회가 없다고 느끼는 경우, 조직에서 공정한 보상이 이루어지지 않는 경우, 회사의 자원이 부족하다고 인식하는 경우, 그래서 궁극적으로 조직이 신뢰할 만하다고 느껴지지 않는 경우에 사람들이 사내 정치의 영향력에 대해 인식하고 참여하려는 경향이 있다고 나타나고 있습니다. 심지어 사람들은 사내 정치가 본인들의 적극적인 정치적 행동으로 이어져 긍정적인 효과를 낸다고 믿고 있는 것으로도 나타났습니다. 즉, 회사에서 한정된 자원으로 보상과 승진이 이루어지지만 실질적으로 조직 내 역할이 모호해서 상대의 성과를 차지하기 쉽다고 느끼는 경우, 다른 사람의 성과를 저해하고 자신이 흡수하여 본인에게 유리하게 만드는 상황으로 이끌어가는 것이 사내 정치에 빠져드는 사람들의 특징이라는 것입니다.

흥미로운 것은, 사내 정치에 몰두한 사람들일수록 직무 불안이나 긴장, 스트레스가 높고 직무에 대해 만족하지 않는다는 연구 결과도 있습니다. 사내 정치에 몰두한 사람일수록 조직, 상사, 임금,

승진, 동료, 직업의 만족 모두 낮게 인식하고 있으며, 몰입도 하지 않는 것으로 나타났습니다. 하지만, 사내 정치가들은 사내 정치를 실현하는 과정에서 스스로 역할 갈등을 겪는다는 것도 함께 나타납니다. 즉 사내 정치가라고 해서 모두 만족하는 게 아니라 스스로 불안하고 스트레스가 높고 조직 생활이 불만족스러운 상황이며, 스스로의 역할에 대한 내적인 갈등도 겪고 있다는 것입니다. 다시 말해 자신에게 유리한 방향이라고 생각하여 이끌고 가면서도 불안하고 초조해하며 스트레스를 받고, 스스로도 이 행동이 정당하지 않다는 것을 알면서도 외면하고 정치에 몰두하고 있다고 할 수 있습니다.

종합하면 우리 주변에서 흔히 볼 수 있는, 권모술수에 능해 보이는 이들의 기저에는 자신이 공평하지 않게 무언가 부당한 대우를 받을 수도 있다는 불안감과 스트레스, 그리고 불만족스러운 업무 환경에 대한 생각이 있으며, 불분명하게 규정된 역할과 성과를 자신에게 유리하게 이용하려는 것이 사내 정치가의 유형에 해당하는 사람들의 심리라고 할 수 있습니다. 우리 사무실에서 사내 정치에 가장 능해 보이는 그 사람의 심리가 사실은 이렇다니, 흥미롭지 않으신가요??

오피스 빌런 사내 정치가와 함께 일하기 위해
우리는 어떻게 해야 할까?

───────

애석하게도 사내 정치가와의 갈등은 수직적인 조직의 위계 구조에서 주로 발생하게 됩니다. 동등한 위치에서 타협을 통해서 풀어나가거나 합리적으로 상황을 개선시킬 수 있는 여지가 있다면 이는 사내 정치의 영역이 아닙니다. 예컨대 업무 특성상 특정 부서에 협조를 구해야 하거나, 혹은 상급자로부터 검토를 받아서 일을 진행해야 하는데, 사내 정치가 중심의 '라인'이 아니라는 이유 등과 같이 불합리하고 의도적으로 여러분을 배척하고 힘들게 할 수도 있다는 것입니다. 이처럼 사내 정치는 회사에서 업무적으로 필연적인 관계에서 발생한다는 점에서 효과적으로 대응하는 것이 쉽지 않습니다.

〈그림 5〉와 같이 업무와 직위를 두 축으로 살펴보면 상대방이 업무적으로는 높은 연관도가 있지만 직위는 유사하거나 낮은 'A' 유형, 상대방이 업무적으로는 우위가 유사하거나 낮지만 직위는 높은 'B' 유형, 상대방과 업무적으로 연관도가 높고 직위에도 우위가 있는 '총체적 난국' 유형 정도로 구분할 수 있습니다.

직위가 낮고 중요한 역할을 수행하는 것도 아닌데 사내 정치의

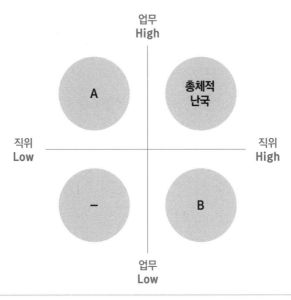

|그림 5| **사내 정치가의 사분면**

한 축을 담당하며 조직에서 말썽을 일으키고 있는 누군가가 있다면, 그리고 구성원의 상당수가 이를 인식하고 있다면 시간이 지남에 따라 갱생하거나 방출될 것이므로 논외로 하겠습니다. 특히 여러분과 업무적으로 연관성이 없다면 크게 신경을 쓰지 않는 것이 정신 건강에도 좋기 때문입니다.

◎ 업무적으로 높은 연관도가 있는 빌런 = A

담당자로부터 예산 한도를 확인하고 협조를 얻은 후에 일을 진행해야 하는 경우, 기획 부서로부터 방향성을 컨펌받고 실행을 해야 하는 경우 등과 같이 다양한 역할과 기능을 수행하는 조직들로 구성된 회사에서는 업무 프로세스상 서로 협조를 구하며 진행해야 하는 경우들이 있습니다. 그러나 사내 정치가들은 전체의 이익보다는 본인의 이익 또는 안전을 최우선으로 생각하며 불합리한 행태를 보입니다. 이런 경우, 일을 효과적이고 효율적으로 수행하기 위해 설계된 조직 구조와 R&R(역할과 책임)을 본인에게 유리한 방향으로 자의적으로 해석하며 조직 내에서 갈등을 일으킬 소지가 다분합니다. 예를 들어, 협조를 구해야 하는 부서가 실리보다는 명분을 핑계로 집단 이기주의적인 행태를 보인다거나, 담당자가 타당한 이유도 없이 비협조적이고 뒷담화를 일삼는 등 열심히 일을 하고자 하는 실무자들을 지치게 하는 사례를 심심치 않게 접할 수 있습니다.

이러한 상황에서 여러분의 대응 방안은 한마디로 '문서화'로 정의할 수 있습니다. 추후에 문제가 발생했을 때 빌런의 희생양이 되지 않도록 커뮤니케이션을 서면으로 진행하고 기록을 관리하는 것입니다.

앞서 언급한 '예산 한도를 확인하고 협조를 얻는 상황'을 예시를 구체적으로 들어보겠습니다. 유관 부서 간 협업을 통해서 일을 진행해야 함에도 불구하고 예산 부서가 책임 회피적인 성향을 보이며 불합리한 추가 자료를 요청하는 등 업무의 보틀넥bottleneck을 발생시키는 경우를 가정해 봅시다. 가장 일차원적인 대응은 담당자에게 전화를 하거나 만나서 불만을 표시하는 것입니다. 실무자로서 일이 진행되지 않아 감정이 상할 수도 있겠지만 이러한 방법은 전혀 상황을 개선시키지 않습니다.

그러므로 다양한 이해 관계자들이 모두 참조로 포함된 이메일을 통해 해당 부서의 공식적인 입장, 관련 규정 또는 근거, 추가 자료를 요청하는 배경 등의 상세한 내용을 요청하여 기록을 남겨두는 방법을 생각해볼 수 있습니다. 이를 통해서 (예산 부서가 타당한 사유 없이 비협조적이라는 가정하에) 그들의 잘못을 표면적으로 드러나게 하고 여러분은 책임에서 비교적 자유로워질 수 있습니다. 해당 부서의 담당자로부터 회의 요청이나 전화가 온다면 정중하게 이메일로 회신해 줄 것을 요청해야 합니다. 그 과정에서 업무가 지체가 되더라도 절대 감정적으로 동요하지 않고, 모든 진행 상황은 기록하고 문서로 남겨둘 필요가 있습니다. 단, 진행 상황은 지속적으로 상사 또는 의사 결정권자에게 공유될 수 있도록 해야 합니다. 사내 정치에 능숙한 상대방으로부터 업무가 지연되는 원인이 여러분에게 있다는 비난을 피하기 위한 유일한 방법은 담당자로서 최선을 다하고 있다는 모습을 주변에 각인시키고 기록으로 남겨두는 것이기 때문입니다.

가능성은 낮으리라 예상되나 예산 부서가 정말 원칙대로 업무를 수행하는 것이었다면, 여러분은 이번 기회를 통해서 회사의 규정 등에 대해서 더욱 자세하게 학습할 수 있는 기회를 얻을 수 있습니다. 그러므로 모든 서면 커뮤니케이션은 기본적으로는 감정을 배제하고 형식과 매너를 철저하게 갖출 필요가 있습니다. 일자별로 정리한 빌런과의 메일링 리스트, 검토 사항 등의 자료는 결정적인 순간에 여러분을 구원해줄 수 있는 무기가 될 것입니다.

◎ 직위에 우위가 있는 빌런 = B

조직 내에서 어느 정도의 직위에 올라 '오피니언 리더'와 같은 역할을 하는 빌런이 있습니다. 다수의 여론을 형성하고 주도하는 데에 특출난 능력이 있어서 그에게 한번 밉보이게 되면 어느 순간 불특정 다수의 입방아에 오르내리게 되기도 합니다. 이들은 이렇게 여론에 영향을 미치는 과정을 통해서 만족을 얻고 조직 내에서 본인의 위상을 확인하기도 합니다. 특히 사내 정치가인 빌런들은 학습 민첩성이 부족해서 업무적으로 성과를 창출하며 성장하고자 하는 의지와 역량이 낮기 때문에, 본인의 지위에 위협이 될 만한 사람이 있다면 어떻게든 흠을 잡으려고 할 수 있습니다.

이러한 유형의 빌런이 여러분에게 접근하는 것은 의도된 행동입니다. 같은 편으로 만들기 위해서, 또는 본인이 견제해야 할 사람인지 확인해보기 위해서 등 다양한 목적이 있을 것입니다. 빌런의 목적이 무엇이든 여러분이 대응해야 할 방향성은 약점이 잡힐 수 있는 함정을 피하는 것입니다. 함정을 피하기 위해서, 우리는 빌런이 무슨 이야기를 하든 그의 주장에 표면적으로는 동의하고 절대 속내를 드러내지 않는 '예스맨'이 되는 방법이 있습니다.

이러한 빌런의 특징은 조직과 인력에 대해서 마치 모든 것을 꿰뚫고 통달한 듯한 모습을 보이며, 본인 스스로도 그것을 즐긴다는 것입니다. 예를 들어, 빌런이 어느 날 별로 궁금하지도 않은 어떤 임원과의 에피소드나 시시콜콜한 개인사 등을 여러분에게 이야기합니다. 그 목적은 본인은 해당 임원과 이 정도로 친분이 있으며 개인사까지 알고 있을 정도로 두터운 사이라는 것을 자랑하고 싶은 것입니다. 따라서 여러분은 그냥 그의 업적에 대해서 공감하고 인정해주는 척만 하면 됩니다.

　주의해야 할 점은, 혹시나 대화의 주제가 특정 개인에 대한 평가나 뒷담화와 같이 부정적인 내용이라면 듣는 척은 하되 절대 동조하면 안 된다는 것입니다. 만약 빌런이 시작한 뒷담화에 동조하고 말을 한마디라도 더하게 되면 그 소문은 수습할 수 없을 정도로 부풀려져서 모든 화살이 여러분에게 돌아갈 것이기 때문입니다. 예상하다시피 그 소문을 열심히 퍼트린 것은 이야기를 시작한 빌런일 확률이 굉장히 높습니다.

　회사에서 다양한 사람과 친하게 지내는 것이 물론 이상적이지만, 사내 정치가인 빌런은 언제든지 등을 돌릴 수 있다는 것을 명심해야 할 필요가 있습니다. 업무적으로 접점이 자주 발생하는 것이 아니라면, 여러분은 빌런의 자리를 위협할 만한 적이 아니라는 것만 확인시켜 주면서 어느 정도의 거리를 유지해야 합니다. 이를 위해서 가장 쉬운 방법은 빌런에 반기를 들지 않고 표면적으로는 수긍해주는 것입니다.

◎ 업무 연관도가 높고 직위에서도 우위가 있는 빌런 ＝ 총체적 난국

　가장 직관적이고 피부에 와닿는 예시는 다수의 팀과 상위의 실/

본부로 구성된 조직에서, 차상위 리더인 임원(실장 또는 본부장 등)이 조직 내 파벌을 형성하고 구성원들을 본인의 영향력을 행사하기 위한 수단으로 활용하는 경우를 들 수 있습니다. 본부장/실장은 조직 내의 팀장과 팀원들이 성과를 낼 수 있도록 촉진하고 독려하는 리더의 역할을 해야 합니다. 그러나 본인의 위신을 지키기에 급급한 나머지 책임을 회피해서 구성원들을 난처하게 하거나, '라인'에 들지 못한 직원들에게 은연중에 인사상의 불이익을 주고 있는 상황이라면 총체적 난국이라고 할 수 있습니다.

안타깝지만 이러한 상황이라면 정기 인사에서 리더가 교체되거나, 어떠한 사건이나 계기로 리더의 성향이 바뀌기를 기대하는 것 말고는 근본적인 해결책이 없습니다. 막연하게는 가시성이 큰 성과를 만들어내서 사내 정치가인 리더로부터 인정을 받고 상황을 역전시키는 방안을 상상해볼 수도 있겠지만, 현실성이 낮으며 사내 정치로 인해 문제가 발생하는 상황을 해결할 수 없습니다. 특히 이러한 리더가 조직 내에서 영향력이 큰 사내 정치가라면 여러분에게 타 계열사 전배나 부서 이동과 같이 조직 내에서 새로운 기회가 있다고 하더라도 활용하기가 어렵게 됩니다.

인사, 감사 등의 필수적인 기능이 합리적으로 작동하는 조직이라면 사내 정치가가 언제까지나 승승장구하기는 쉽지 않을 것입니다. 많은 기업들은 정기적인 리더십 진단, 조직 문화 진단, 경영 진단 등의 노력을 통해서 조직 내 이슈를 발굴하고 개선하고자 노력하고 있습니다. 그러나 이러한 관리 체계가 부재하여 사내 정치만으로 유지되고 성장하는 조직이라면 회사의 지속 가능성과 개인의 경력 개발 측면에서 불확실성이 크기 때문에 장기 근속을 할 만한 유인이 낮다고 해도 무방합니다. 따라서 앞서 소개한 '문서화'와 '예스맨' 전략을 기본으로 사내 정치가와 적정한 거리를 유지하며 자신을 지키고 최악의 경우에는 이직 기회를 적극적으로 검토해야 합니다.

여기에서 '적정한 거리'라는 것은 빌런과 업무적으로 또는 업무 외적으로 특별히 가까워지거나 멀어지려고 하지 않고 현재 상황에서 주어진 일을 최소한으로만 수행하는 것을 의미합니다. 사내 정치가와 관계를 개선하려는 시도가 여러분의 발목을 잡을 수도 있기 때문입니다. 예를 들어, 사내 정치가로부터 지시받은 대로 일을 진행할 경우 여러분이 보기에 비효율이 예상되는 상황이라고 가정해봅시다. 그 상황에서 여러분이 발전적인 방안을 제시한다고 하더라도 사내 정치가는 크게 신경을 기울이지 않을 것입니다. 사내 정치가는 그 문제를 어디까지나 실무자의 문제라고 선을 긋고, 오히려 본인의 권위에 도전했다고 부정적으로 받아들일 가능성이 있다는 것입니다.

　이처럼 조직 내에서 업무와 직위 측면의 구조적인 불합리성으로 인한 사내 정치의 부작용은 개인 수준의 노력으로는 단기간에 개선할 수 없습니다. 그러므로 재직 중에는 갈등이 발생할 수 있는 여지를 최소한으로 줄일 수 있도록 본인을 온전히 지키는 것에 최우선 순위를 두어야 합니다. 혹시 이직을 하게 된다면, 남은 동료들을 위해서 인사 부서와 퇴직 면담 때 적정 선에서 소신껏 의견을 전달해주는 것도 장기적으로는 도움이 될 수도 있습니다. 이러한 기록들이 모이고 누적되어 임계치를 벗어나게 되었을 때, 조직의 내부 또는 외부에서 어떤 형태로든 이슈가 공론화되고 시간이 지남에 따라 해결되는 사례들이 있기 때문입니다.

03

업무에 진심을 다하는
몰입형 전문가

vs.

요령껏 일하는
'쇼잉' 전문가

    여러분은 회사에서 '입으로만 일하는 사람'들을 자주 목격하나요? 실력은 없으면서 거의 회사의 매출과 성장에 혼자 모든 것을 쏟아부은 듯한 이야기를 하는 사람들이 있습니다. 그런 사람들을 보면 우리는 '와, 어떻게 저럴 수 있지?'라는 생각을 하게 됩니다. 진짜 전문가는 오히려 스스로 '내가 이렇게 해서 기여를 많이 했어!'라며 대놓고 표현하지 않습니다. 본인이 말하지 않아도 주변에서 그가 전문가라는 것을 이미 인정하고, 그의 기여도에 대해 감사함을 표현하기 때문입니다.

    다양하게 자신을 알릴 수 있는 매체들이 등장하면서 점점 조직과 우리 사회에는 진짜 전문가가 아닌 쇼잉 전문가들이 등장하고 있습니다. 진짜 전문가들은 진심을 다해 본인의 분야에 최선을 다하고, 주변에서 그에 대해 인정하고 존중해줄 때 나타납니다. 반면 쇼잉 전문가들은 다른 사람이 고민해서 만들어낸 내용을 마치 자신의 것인 양 포장하여 내세우는 경향이 있습니다.

다른 사람들의 예시가 아니더라도, 수행하는 프로젝트에서 실제 기여한 내용이 없지만 이름을 올려서 마치 본인이 다 한 것처럼 포장하며 성과를 가로채려는 선배나, 실제 아는 내용은 없으면서 본인이 전문가인 것처럼 내세우는 사람들은 우리 주변 곳곳에서 너무 쉽게 볼 수 있습니다. 그런 쇼잉 전문가들의 심리는 무엇일까요? 이번 챕터에서는 진짜 전문가와 쇼잉 전문가, 그들의 차이에 대해 분석해 보려고 합니다.

우리 주변에서 볼 수 있는 몰입형 전문가와 쇼잉 전문가의 유형

✅ 업무에 진심을 다하는 몰입형 전문가

많은 사람에게 감동을 준 유튜브가 있습니다. 바로 에버랜드의 동물원 유튜브의 슈퍼스타, 판다 가족입니다. 팬데믹으로 사람들이 동물원에 방문하지 못하는 동안 에버랜드에서는 동물원 유튜브 채널을 통해 동물들의 소식을 전해왔습니다. 그런데 그중에도 유독 사람들의 관심과 사랑을 많이 받은 콘텐츠가 있습니다. 판다 가족인 '바오 패밀리'와 판다 사육사인 강바오(강철원), 송바오(송영관)가 등장하는 채널입니다.

푸바오라는 아기 판다와 푸바오의 엄마인 아이바오, 푸바오의 아빠인 러바오 등 판다들의 귀여운 생활 이야기도 많은 이들의 관심사이지만, 누구보다 판다들에게 애정을 많이 쏟는 '푸바오 할아버지'인 두 사육사를 향한 관심도 뜨겁습니다. 판다와 사람 사이에도 애정과 신뢰를 쌓아 교감이 가능하다는 것을 보여주고 있기 때문입니다. 푸바오가 야생성을 잃지 않기 위해 사육사들로부터 독립을 준비하는 단계에서 방에 앉아 강바오를 바라보며 마치 자신은 혼자서도 잘 살아갈 수 있다는 것처럼 어깨에 손을 올리고 위로하는 듯한 행동을 보일 때, 그리고 아이바오가 쌍둥이 아기 판다를 출산한 후 입맛을 잃어 먹지 못한다며 걱정스러운 이야기를 늘어놓는 강바오의 앞에서 대나무 먹이를 집어들 때 우리는 감동을 하게 됩니다. 그리고 깨닫게 됩니다. '아, 사육사라는 직업을 넘어서 저 사람들은 진심으로 동물과 교감하는 구나'라는 사실을요.

송바오, 강바오가 출연하는 에버랜드 사육사 유튜브를 통해 그들이 유대감을 쌓기까지의 모습을 보면 얼마나 그들이 사육사로서 소명을 위해 최선을 다하는지 알 수 있습니다. 푸바오를 위해 대나무 장화, 대나무 기타, 대나무 안경 등을 만드는 송바오의 정성은 감탄스러울 정도입니다. 강바오는 푸바오의 엄마인 아이바오가 한국에 처음 왔을 때, 그리고 아이바오가 푸바오와 푸바오의 동생들을 낳을 때 아예 집에 가지 않고 며칠을 아이바오 곁에 머물며 잠을 자면서 돌보는 모습을 보입니다.

동물을 돌보는 사육사의 소명을 넘어 진심으로 판다를 대하고 위하는 사육사들의 자세를 보면, 많은 사람이 이야기하는 '업무 몰입job engagement'이라는 것이 어떻게 이루어지고, 몰입한 전문가들이 어떠한 성과를 내는지 이해할 수 있습니다. 주변에서 강바오,

송바오처럼 내가 하는 일에 소명 의식을 가지고 진심을 다해 최선을 다하는, 업무에 진심으로 몰입해서 좋은 결과를 이끌어내는 전문가들을 만나본 적이 있나요? 혹시 그들이 내 주변의 동료라면, 그들로부터 좋은 영향력을 받아 나도 함께 몰입하여 전문가로 성장할 수 있는 기회입니다. 만약 주변에 아직까지 그러한 동료가 없다면, 내가 그런 '몰입형 전문가'의 동료가 되어보는 것은 어떨까요?

❌ 요령껏 일하는 쇼잉 전문가

우리 주변에는 '다 차려진 밥상에 숟가락 하나만 얹는' 동료들이 있습니다. 정작 본인은 구체적으로 업무에 참여하지 않았으면서 마치 본인이 다 진행한 것처럼 부풀려서 행동하는 사람들에게 많은 사람은 '광팔이'라고 부르고, 이들의 보여주기식 행동을 '광팔기'라고 이야기합니다.

회사에서 진행되는 다양한 업무 중에는 그 결과나 성과가 명확하게 드러나는 업무가 있는 반면, 누군가는 해야 하는 일임에도 불구하고 주변으로부터 인정을 받기 어려운 유형의 업무가 있습니다. 조직에서 본인의 역량과 성과를 내세우며 인정받고자 하는 욕구는 누구나 가지고 있는 당연한 것일 수도 있겠지만, 이들은 업무의 본질보다도 광팔기, 즉 '쇼잉' 자체를 최우선 순위로 행동한다는 것입니다.

"일만 열심히 하면 뭐해. 남들한테 보여줄 일을 해야 성공하는 거야"라는 이야기를 하던 대기업 임원이 있었습니다. 콘텐츠가 아니라 어떻게 보여줄지에 집착했고, 그 임원이 리딩하는 조직의 모든 구성원은 회사에서 디자이너로 불렸습니다. 모두가 웹디자인 사이트에서 기획안을 광고 시안처럼 포장하느라 대부분의 시간을 쏟았습니다. 디자이너가 작업한 작업물로도 만족하지 못하고 직원들에게 눈에 튀는 색감과 광고 카피 같이 눈에 들어오는 '보여줄 만한' 보고서를 만들어 오라는 것에 집착했습니다. 보고서의 내용과 컨텐츠는 그 임원의 주요 관심사가 아니었죠. 시간이 흐르면서 그 회사가 어려워지자, 회사에서 가장 먼저 내부 인력 조정의 대상이 된 것은 바로 그 부서와 해당 임원이었습니다. '보여주기식 업무'만 지향하는 사람들, 즉 광팔이만 하는 사람들의 결말은 아름답기만 하지는 않습니다.

우리 주변에 광팔이들은 넘쳐납니다. 후배들이 담당하고 있는 업무의 보고서를 일부 수정하고 보고하면서 본인이 모두 한 것처럼 생색을 내는 사람도 있죠. '차려진 밥상에 숟가락 하나만 놓고 밥상의 주인처럼 구는' 사람들이 있습니다. 이들은 쉽고 단순한 업무는 본인이 담당하려고 하면서, 어렵고 복잡한 업무는 질질 끌다가 후배나 동료들에게 떠넘기곤 합니다. 이런 사람들일수록 업무 외적으로 본인의 존재감을 드러내는 데에 더욱 매진합니다. 본인의 일 이외에 본인 자체도 광팔이의 대상이 되는 것이지요. 어쩌다 한번 야근이라도 하게 되면 밤 늦은 시간에 팀 전체 메신저 방에 야경이 예쁘다는 둥 하며 사진을 공유하는 '지능적 야근'을 하는 사람들까지 있을 정도입니다. 그런데 늘 그렇듯 변수는 있습니다. 조직이 급격한 변화를 겪거나 모든 인적 구성이 바뀌게 되면 어떻게 될까요? 너그럽게 용인해줄 리더도, 일을 대신해줄 착하고 순진한 후배들도 만나지 못한 광팔이의 최후는 탄로가 나게 되어 있습니다.

우리 주변에서 볼 수 있는 몰입형 전문가와 쇼잉 전문가, 무엇이 다른가?

———

몰입형 전문가와 쇼잉 전문가는 업무를 대하는 태도가 다릅니다. 몰입형 전문가는 진심으로 업무에 몰두해서 성과를 만들어내는 사람들입니다. 업무에 몰입하는 사람은 자신의 역할role 수행에 모든 에너지를 투입하며, 완수를 위해 스스로의 인지적·감정적·육체적인 모든 측면의 집중을 다해 몰두self-in role하는 경향이 있습니다. 그들이 업무를 대하는 태도는 '진심'입니다. 전문가로서 최선을 다하려는 노력과 진심이 이들에게는 있습니다. 그리고 진심으로 업무를 대하기 때문에 이들은 성과를 냅니다. 나아가 본인도 스스로 만족하면서 일을 해나가는 경향도 발견됩니다. 즉, 일을 즐기면서 일에 몰두하고 성과를 내는 사람들이라고 할 수 있습니다.

반면에 쇼잉 전문가는 업무에 대한 진심이 없습니다. 한마디로 업무를 대하는 영혼이 없습니다. 이 일을 잘하고 싶다는 생각도 별로 없습니다. 하지만 이 일을 가지고 다른 사람들에게 '내가 이러한 일을 했다'라고 자랑하고 싶은 마음은 가득합니다. 쇼잉 전문가는 최소한의 노력을 기울여서 최대한의 '보여주기식 전문가'가 되고 싶어합니다. 이미 일을 열심히 해서 완성한 다른 사람들의 성과가 마치 자신의 것인 양 포장하여 주변에 알리는 것이 이들의 목표입니다. 그래서 많은 사람은 이들의 행동이 광팔이와 같다고 이야기합니다. 마치 속 빈 강정 같지만, 실제로 이들은 본인들을 전문가처럼 보이게 하는 것이 목적이기 때문에, 스스로를 쇼잉함으로써 남들에게 자신을 잘 알렸다고 생각합니다. 그래서 광팔이에 진심인 사람들은 보여주기 위한 일을 하고 보여주기식의 업무에 집착합니다. 하지만 우리는 이 광팔이인 사람들의 결말을 알고 있습니다. 시간이 지나면 실력은 드러나게 되어 있고, 오랜 시간이 지나지 않아도 대화를 하다 보면 쇼잉 전문가들의 한계는 금방 나타납니다. 다만 본인은 그 한계가 드러난 줄도 모르고 여전히 본인의 쇼잉이 성공했다고 믿는, 희극이자 비극인 경우가 많습니다.

쇼잉 전문가들은 자신이 하지 않은 일임에도 쇼잉을 통해 다른 사람들의 성과를 가로채는 것에 주저함이 없습니다. 왜냐하면 자기 스스로를 어필하는 것도 능력이라고 생각하는 경향이 있기 때문입니다. 하지만 조직의 모든 사람들이 쇼잉 전문가라면 어떻게 될까요? 누구도 일에 몰입하지 않고, 실력을 발휘하지도 않으면서, 보여주기식으로 다른 사람들의 성과를 가로채서 보여주기만 하려 한다면 조직은 어떻게 될까요? 그 조직이 붕괴되는 것은 시간 문제가 됩니다. 만약 우리 조직의 너무 많은 사람이 쇼잉에만 집착한다면, 가라앉는 배에 탑승한 것과 같으므로 빠르게 해당 조직과의 이별을 준비해야 하는 신호일 수도 있습니다.

쇼잉 전문가의 심리는 무엇일까?

여러분은 복어를 본 적이 있나요? 많은 사람은 복어를 떠올리면 동그랗고 빵빵하게 몸을 부풀리는 모습을 떠올리지만, 사실 복어는 우리가 생각하는 일반적인 물고기와 외양상 크게 다르진 않습니다. 복어가 몸을 잔뜩 부풀리는 건 적을 만났을 때 몸을 크게 보이도록 과시함으로써 본인을 방어하기 위해서입니다. 쇼잉 전문가도 이와 마찬가지입니다. 일상적인 상태에서는 크게 다른 사람들과 다르지 않지만, 결정적인 순간에는 자신이 가진 것보다 자신을 한껏 부풀려서 과시하려는 태도를 보입니다. 즉 일종의 '살아남기 위한' 방어 기제와도 같은 상황이라고 할 수 있습니다.

넷플릭스에 〈검색어를 입력하세요〉라는 드라마가 있었습니다. 그 드라마에서는 유명 웹툰 작가와 포털 사이트 담당자가 계약을 체결하는 장면이 등장합니다. 그 장면에서는 웹툰 작가가 포털 사이트 담당자의 가방과 옷이 변변치 않다는 것을 지적하며 '일은 제대로 할 수 있겠냐'고 비아냥거리는 장면이 나옵니다. 그때 상처받은 담당자에게 함께 그 자리에 있었던 선배(임수정)는 이러한 이야기를 합니다. "사회 초년생이 왜 무리해서 명품백을 사는지 알아요? 가진 것이 많을 땐 감춰야 하고 가진 것이 없을 땐 과시해야 하거든요. 직급도 경력도 가진 게 없을 땐 몸집을 부풀려야 해요."

이 대사만큼 쇼잉 전문가의 심리를 반영하는 내용이 없습니다. 가진 것이 없기 때문에 과시한다는 것만큼 쇼잉 전문가를 대표하는 말이 없기 때문입니다. 일을 열심히 할 생각도 없고 실력도 없지만 남들에게 성과는 보여주어야 하는 상황을 마주하게 되면, 스스로 무기로 삼을 만한 실력이나 기여한 내용이 없기 때문에 몸집을 부풀려서 마치 엄청난 성과를 내고 기여를 한 것처럼 과시하게 된다는 것입니다.

세계적인 리서치 그룹 갤럽Gallup은 매년 직원들의 일의 몰입에 대한 설문 조사 결과를 발표하는데, 이에 따르면 직원들은 세 가지 유형으로 분류됩니다. 첫 번째는 방해형 직원으로, 동료들이 즐겁게 일하는 것을 방해하며 불행을 전파하는 직원에 해당합니다. 두 번째는 일에 몰입하지 않는 직원으로, 출퇴근에 의의를 두며 영혼 없이 주어진 일을 해내기 급급한, 실제 업무에 열의를 가지지 않은 직원을 의미합니다. 마지막은 일에 몰입하는 직원으로, 일에 열정을 가지고 일하며 본인과 조직의 성장을 돕고자 노력하는 직원으로 정의할 수 있습니다. 쇼잉 전문가는 업무적으로 일에 몰입하지 않는 상태에 놓여있을 가능성이 높습니다.

일에 몰입하는 것과 관계없이 우리는 매년 각자의 성과에 따라

인사 평가를 받고 그에 따라 연봉과 승진이 결정되는 구조에서 업무를 하고 있습니다. 일에는 몰입하지 않았어도 평가는 받아야 하고, 평가를 받는 시기에는 무언가 내가 '잘했다'라는 점을 하나라도 내세워야 하다 보니 전문성을 가진 다른 사람들이 수행한 프로젝트의 모든 성과의 공을 자신에게 돌리면서 마치 내가 잘해서 다 잘된 것처럼, 내가 몰입해서 일한 것처럼 부풀리게 됩니다. 그 순간만 지나가면 어쨌든 나는 좋은 평가를 받을 수 있고, 사람들에게 좋은 인상을 남길 수 있을 것이라는 착각을 하면서 말이죠.

쇼잉 전문가들은 속 빈 강정이지만 그걸 감추기 위해 더 많은 포장을 하며 살아갑니다. 한편으로 그래서 그들은 늘 불안하고, 다른 사람들이 나에 대해 어떻게 이야기하는지에 관심을 기울일 수밖에 없습니다. 본인의 한계가 드러난 것이 들통났을지에 대해 노심초사勞心焦思할 수밖에 없기 때문입니다. 그러면서도 자기 PR의 시대에 쇼잉도 능력이라며 스스로를 위안 삼습니다. 불안을 스스로에 대한 위안으로 덮으면서 본인이 진짜 실력을 닦고 발휘할 계획은 세우지 않은 '비非몰입 상태'로 말입니다. 이러한 동료들이 주변에 있다면 정말 화가 나고 속이 터질 노릇입니다. 열심히 하지도 않으면서 공만 가로채려고 드는 쇼잉 전문가들을 우리는 어떻게 대해야 할까요?

오피스 빌런 쇼잉 전문가와 함께 일하기 위해 우리는 어떻게 해야 할까?

빌런이 광팔기를 통해 본인의 성과를 인정받고자 하는 경로는 〈그림 6〉과 같습니다. 나의 성과를 가로채는 경로(A)와, 나와 일부 접점을 가지고 업무를 진행하는 상황임에도 전적으로 본인의 성과인 것처럼 과장하는 경로(B)입니다. 빌런 본인이 주도적으로 수행한 업무의 성과를 과대 포장해서 쇼잉하는 것도 보기에는 다소 불편할 수는 있겠지만 직접적으로 피해를 주는 것은 없으니 논외로 하겠습니다. 그렇다면 이와 같은 상황에서 슬기롭게 대응하기 위한 몇 가지 원칙을 고민해보고자 합니다.

◎ 정보 공유 최소화하기

여러분이 만약 회사에서 중요한 성과로 인정받을 수 있는 업무를 담당하고 있는 상황이라면 빌런이 관심을 보이며 접근할 가능성이 있습니다. 표면상으로는 업무에 도움이 되는 정보를 공유해주거나 조언을 해주는 것처럼 보일 수 있지만, 결정적인 순간에 개입해서 공든 탑을 가로챌 수도 있다는 것을 경계할 필요가 있습니

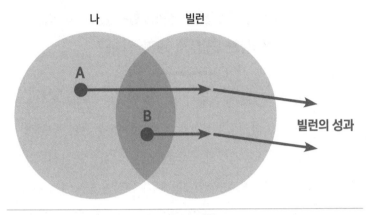

|그림 6| **'광팔기' 경로**

다. 따라서 진행중인 업무와 관련해서 중요한 정보는 업무를 지시한 리더 및 직접적으로 협업하는 동료들을 제외하고는 핵심 내용의 공유를 최소화하는 것이 좋습니다. 여러분이 많은 시행착오와 고민 끝에 얻은 정보를 빌런에게 모두 다 알려준다면, 빌런은 새로운 버전의 보고서를 작성해서 본인의 성과로 포장하고 있을지도 모릅니다.

◎ **이슈는 공식화하기**

업무를 진행하다 보면 예상치 못한 난관에 봉착할 때가 있습니다. 예를 들어, 유관 부서나 외부 업체에 협조를 얻어야 하는데 협상이 수월하지 않거나, 중요한 자료를 구해야 하는 상황 등이 있을 것입니다. 그 과정이 쉽지는 않겠지만 여러분은 어떻게든 이러한 문제를 해결할 수 있을 것입니다. 직접 해결하기 어려운 경우라면 관리자들 선에서 개입이 필요한 상황이 있을 수도 있고, 혹은 나의 노력이나 의지와 상관없이 외부적인 요인으로 인해 해결되는 경우도 있게 마련입니다. 그러나 만약에 빌런이 혼자서만 이런 이슈를 인지하고 있다면 광팔기를 할 수 있는 최적의 타이밍이라고 생각할 것입니다.

예를 들어, 어떠한 원인으로 인해서 업무에 차질이 발생한 경우, 시간이 지나면서 다양한 이해 관계자들 간 입장이 명확해지고 이슈가 해소되면서 다시 정상적으로 진행되는 일들이 종종 있습니다. 즉 시간이 해결해 줄 수 있는 문제였음에도 불구하고 빌런이 관계자들을 직접 조율하고 해결한 것처럼 광팔기를 할 수도 있다는 것입니다. 결과적으로는 해결되었으니 이 정도는 눈감아줄 수 있을지도 모릅니다. 하지만 빌런은 앞으로 사소한 문제가 발생하게 되는 모든 상황을 본인이 전적으로 해결한 깃처럼 과대 포장할 수도 있습니다. 그러므로 업무상 이슈가 있다면 숨기기보다는 주간 회의 등과 같이 팀 단위에서 공식적으로 공유하고, 빌런 개인만 이슈를 인지하는 상황은 지양할 필요가 있습니다.

◎ '디테일 악마' 활용하기

일을 하다 보면 '악마는 디테일에 있다'는 표현을 종종 사용할 때가 있습니다. 계약서를 관행적으로 검토하고 나서 보니 뒤늦게 서야 독소 조항을 발견했다거나, 대충 보았을 때는 수월해 보였던 일이 예상치 못한 일들로 인해 차질이 발생하는 경우 등을 의미합니다. 즉 어떠한 일의 성공이나 실패는 세부적인 사항들에 달려있으므로 꼼꼼하고 신중해야 한다는 것이죠. 그리고 빌런이 여러분의 성과를 가로채려고 할 때 이러한 '디테일 악마'가 도움이 될 수 있습니다. 빌런은 여러분만큼 업무를 자세히 알지는 못하기 때문이죠.

중요한 프로젝트를 기획하는 상황을 가정해 보겠습니다. 추진 배경 및 목적, 주요 내용, 예상되는 산출물, 추진 일정, 투입인력, 예산 등 세부적인 사항들이 대부분 정리되고 기획서 완성을 코앞에 두고 있습니다. 빌런은 기획 과정에 이름만 올리고 거의 참여하지 않았지만 여러분이 주도적으로 작성한 기획서를 가지고 발표는 본인이 직접 하고 싶어 합니다. 충분히 감정적으로 기분이 상할 수

도 있는 상황이지만, 빌런에게 맡기는 것이 의외로 나쁘지 않을 수
도 있습니다. 왜냐하면 자료에는 기재되어 있지 않은 세부적인 사
항들에 대해서 질문을 받았을 때 빌런이 능숙하게 답변을 할 가능
성이 높지 않기 때문입니다. 빌런이 대답을 못 하고 막히는 순간에
적절하게 개입함으로써 여러분의 역량을 충분히 드러낼 수 있을
것입니다.

◎ 문서화하기

업무를 진행하는 과정에서 나의 역할과 성과를 객관적으로 증
빙할 수 있는 방법은 문서로 남겨두는 것입니다. 회사마다 그 형태
는 차이가 있지만 주간 업무 보고, 개인 목표 수립, 중간 평가, 연
간 평가와 같이 공식적인 문서를 통해서 업무의 진행 상황 및 성과
등을 기록할 수 있는 방법이 있습니다. 공든 탑을 빌런에게 뺏기지
않으려면 이처럼 여러분이 주도적으로 수행한 업무의 주요 내용
은 문서화하고 기록해두는 것이 좋습니다. 필요하다면 내부 또는
외부 이해 관계지와 커뮤니케이션(이메일, 메신저 등) 기록을 일자
별로 정리를 해두고 평가서에 증빙 자료로 제출하는 방법도 생각
해볼 수 있습니다. 그 이후에 빌런은 아무리 여러분의 성과를 가로

채서 본인의 업적이라고 주장을 하더라도 아무도 믿어주는 사람이 없을 것입니다.

◎ 적당히 쇼잉하기

회사에서는 혼자 묵묵하게 참고 어려운 일을 하더라도, 남들이 먼저 알아봐주고 인정해주기까지는 시간이 오래 걸리는 것 같습니다. 그래서 일각에서는 쇼잉 전문가들이 승승장구하는 게 아닌가 싶기도 합니다. 그렇다면 빌런의 쇼잉 스킬을 적당히 활용해서 여러분 스스로를 조금 더 드러내는 것도 도움이 될 수 있습니다. 업무를 진행하는 과정에서 진전이나 성취가 있다면 리더 및 동료들과 가볍게 공유하고 축하하는 것이 스스로의 '가시성^{visibility}'을 높이는 방법이 될 것입니다. 큰 성과를 만들어내기까지 여러분이 가졌던 고민과 작은 성취들을 주변 사람들이 알고 있다면, 빌런도 이러한 성과를 가로채려는 시도조차 하기 어려울 수 있기 때문입니다.

04

동기 부여해주는
멘토
vs.
과거의 성과로 (혼자) 동기 부여되는
'라떼 장인'

    회사에서는 누구나 나이가 들면서 시니어가 되어갑니다. 누군가 회사 생활에서 가장 어려운 점을 묻는다면, 좋은 동료이자 좋은 선배가 되기 위해 노력하는 과정이 아닐까 하는 생각을 해봅니다. 그만큼 회사에서 잘 나이 들어 가는 것은 쉽지 않습니다.

    HR(인사 업무)을 오래 하다 보면 사람들이 회사에 입사하고 나가는 과정을 수없이 보게 됩니다. 그 과정에서 사람들이 떠나는 뒷모습을 보면서 '함께 일해서 좋았던 사람', '고마운 사람'으로 기억될 수 있다면 성공한 회사 생활을 한 사람이라는 것을 항상 깨닫게 됩니다. 그런 뒷모습으로 기억에 남는 사람들은 주변에 동기 부여를 해줄 수 있는 좋은 동료이자 선배였던 이들이 대부분입니다. 본인의 일도 성실하게 잘 해내지만, 주변 사람들을 독려해서 어려운 일들을 해결하는 데 도움을 주는 경우가 많은 사람이 이러한 유형에 속하는 사람들입니다.

반면에, 사람들이 함께 일하는 걸 꺼리는 사람들도 있습니다. 이들의 특징은 실제 일을 하는 것보다 말이 앞서고, '라떼는 말이야$^{latte\ is\ a\ horse}$'를 통해 현실보다는 과거에 '그렇게 했기 때문에 지금도 그렇게 해야 한다'라는 과거 중심적인 사고 방식을 보입니다. 과거에 사로잡혀 있는 사람들을 볼 때면, 함께 대화하는 사람들은 한숨부터 쉬면서 '이번엔 또 얼마나 오래 이야기하려나'라며 시선을 회피하게 됩니다. 〈유 퀴즈 온 더 블럭〉이라는 TV 토크쇼에서 모두의 감탄을 자아낸 초등학생의 명언이 있습니다. "잔소리는 왠지 모르게 기분 나쁜데, 충고는 더 기분 나빠요." 대놓고 하는 잔소리가 아니라 '충고'라는 이름으로 '라떼'를 풀어놓는 사람들에게 그보다 큰 울림을 주는 말은 단언컨대 없을 것 같습니다.

재미있는 것은, 멘토와 라떼 장인 모두 우리에게 본인 기준의 좋은 이야기를 해주고 있다는 것입니다. 멘토와 라떼 장인을 결정 짓는 요소는 어떤 것일까요?

우리 주변에서 볼 수 있는 멘토와 라떼 장인의 유형

✅ 동기 부여를 해주는 멘토

여러분은 혹시 회사에서 '인생 멘토'를 만나보신 적이 있나요? 인터넷에 떠도는 다양한 유머들을 보다 보면, '원수는 회사에서 만난다'라는 이야기가 있을 정도로 회사에는 나와 맞지 않는 사람들이 다양하게 존재합니다. 그 '다름'을 인정하고 '포기는 빠를수록 좋다'라고 이야기하는 사람들도 있습니다. 마냥 웃을 수만은 없는, 페이소스pathos가 느껴지는 이 문장에서 보듯, 회사에서 나에게 동기 부여를 해주는 멘토를 찾는 것은 정말 어려운 일입니다. 멘토를 발견하고, 함께 일을 헤쳐나갈 수 있는 기회가 있다면, 여러분들은 회사 생활의 다양한 에피소드와 추억들을 쌓아가며 각자의 회사 생활에 대한 성장의 서사narrative를 만들 수 있습니다.

드라마로도 유명해졌던 웹툰인 〈미생〉에서는 주인공인 장그래(임시완)가 멘토인 오상식(이성민)을 만나 좌충우돌한 회사와 사회 적응기를 겪는 과정을 그려냅니다. 많은 사람이 냉혹한 현실에서 리더로서 부하 직원들을 통솔하고, 본인의 잘못을 인정하기도 하고, 또 책임지려고 하는 오상식의 리더십을 보면서 '저런 상사와 함께 일하면 좋겠다'고 이야기합니다. 〈미생〉 드라마에서는 신입 사원이었던 장그래가 오상식이 퇴사하고 창업한 회사에서 '함께 일하자'라는 제안에 기뻐하며 합류하는 모습을 보면서, 사람들은 '오상식과 같은 상사와 한 팀에서 일하면 힘들어도 좋겠다'는 반응을 보였습니다. 사람들이 좋아했던 '선배 오상식'은 어떤 사람일까요?

일반적인 드라마나 판타지에서 그려지는 상사의 모습은 다정다감하고 잘생기거나 예쁜 사람들이지만, 미생의 오상식은 무뚝뚝하고 나이 많은 아저씨의 모습입니다. 그는 윗사람들과 갈등도 심하고, 부하 직원을 대하는 데도 매우 서투릅니다. 앞에서는 억울하게 혼난 신입 사원의 오해를 풀어주지도 않습니다. 그렇지만 술을 먹고 '엄하게 우리 애만 혼났다'며 원인을 제공한 부서의 사람들에게 신입 사원의 억울함을 대신 호소합니다. 부당한 일들이 회사에서 일어날 때에도, 오상식은 적극적으로 '나는 이렇게 했다'거나 '나라면 이렇게 했을 것이다'라며 적극적으로 개입하지 않습니다. 힘들어하는 팀원들 대신 본인이 무언가를 묵묵하게 도와주거나, 팀원들이 좌절하는 상황에서 스스로 그 문제를 해결하도록 돕고, 때때로 '더할나위 없었다'라며 응원을 하기도 합니다.

사람들이 미생의 오상식에게 열광한 핵심은 정말 필요로 할 때 도와주고, 상대방의 입장에 공감하며, 상대방이 필요로 하는 부분들을 제공하려고 노력한다는 것입니다. 그리고 상대방이 잘한 부분에 대해 인정하고 높게 평가하여 존중해 준다는 것 역시 오상식을 돋보이게 하는 포인트입니다.

필요로 할 때 도움을 주고 격려해주는 사람들을 우리는 '멘토'라고 합니다. 멘토의 유래는 그리스 로마 신화에서 찾을 수 있습니다. 오디세우스가 그의 아들을 '멘토'라는 친구에게 부탁하고 전쟁에 나간 후, 멘토가 오랜 시간 동안 오디세우스의 아들에게 스승이자 상담가이자 아버지와 같은 역할을 수행하면서 성장하도록 도운 것에서 멘토라는 단어가 유래되었다고 합니다.

또 다른 사례가 있습니다. 바로 영화 〈인턴Intern〉에 등장하는 70세 인턴, 벤(로버트 드니로)입니다. 벤은 수십 년의 직장 생활에서 얻은 경험을 바탕으로 줄스(앤 해서웨이)가 운영하는 의류 스타트업 회사에 인턴으로 채용됩니다. 벤은 회사와 가정에서 어려움을 겪는 줄스에게 경험과 지혜를 바탕으로 조언을 합니다. 그리고 상대방의 입장에 필요한 것을 생각하고 이야기하려 노력합니다. 나이 어린 상사인 줄스에게도 벤은 그녀의 입장에서 공감과 위로를 전합니다, '당신이 이룬 것들에 자부심을 가져라'라고 말이지요.

그리고, 벤의 이 이야기는 줄스가 어려운 상황을 딛고 스스로 문제를 해결하러 한발짝 더 나아가는데 큰 힘이 됩니다.

❌ 과거로 연어처럼 회귀하는 라떼 장인

'나 때는(라떼는) 말이야'라는 말을 하는 사람들을 찾는 것은 어렵지 않습니다. 회사 생활을 하면서 '라떼는'을 들어보지 않은 사람들은 아무도 없지 않을까 싶습니다. 신입 사원이 아닌 이상 우리 모두 누군가에게 업무를 인수 인계할 때에도 '라떼는'이라는 말을 흔히 하게 됩니다. 다만 우리가 싫어하는 '라떼'는 본인이 과거에 업무를 성공적으로 수행해 봤다는 것을 과시하면서 지금이 얼마나 '편하게 일하는 것인지'에 대해 언급하며 현재의 업무를 비하하는 듯한 말을 한다든가, 또는 과거의 본인이 인정받는 사람이었다는 걸 과시하는 것을 즐기는 사람들의 모습입니다. 왜 우리는 이런 '라떼'에 기분이 나쁠까요?

기분 나쁜 '라떼'는 대화의 모든 중심에 '과거에 잘났던 내 모습'과 '과거에 열심히 일했던 내 모습'에 대한 자화자찬에 취해 있습니다. 상대방에게 도움이 되는 충고를 한다는 것은 일종의 핑계이고, 사실은 그 기회를 이용하여 자기 자랑을 하는 것이 이들의 목적이기 때문에 듣는 사람들은 거부감을 느낄 수밖에 없습니다. 그뿐인가요. 은근히 '과거의 나는 너보다 나은 사람이다'라는 것을 드러내면서 상대방을 무시하려는 태도가 느껴지기 때문에 많은 사람은 불편함을 느낄 수밖에 없습니다.

'라떼 장인'들의 이야기는 주로 자기 자랑에 초점이 맞추어져 있기 때문에 원래 주제였던 후배들의 업무나 고민에 대한 내용은 대화에서 어느새 종적을 감춥니다. 심지어 그의 라떼 이야기는 기승전결의 서사를 가지고 그의 성공 스토리로 끝나야 하기 때문에 매우 깁니다. 멘토링이라는 단어로 포장되었지만, 사실은 라떼 장인의 나르시즘적 추억 여행 모노 드라마의 시간이나 다름없으니까요. 남는 건 라떼 시절의 자기 자랑과 왠지 모르게 뿌듯해보이는 라떼 장인의 표정, 그리고 그 과정에서 기 빨린 후배의 얼굴뿐입니다.

우리 주변에서 볼 수 있는 멘토와 라떼 장인, 무엇이 다른가?

———

멘토와 라떼 장인의 차이는 대화와 행동의 포커스에 있습니다.

멘토는 대화의 포커스를 상대방에게 두고, 상대방의 관점에서 이야기합니다. 반면 라떼 장인은 대화의 포커스가 자기 자신입니다. 자신이 했던 일들, 자신이 이루었던 성과에 대해 오롯이, 자기 자신의 관점에서 상대방에게 설명합니다. 즉 상대방의 입장에서 고려하고 대화와 행동을 하는지, 자신만의 관점에서 상대방을 자신의 기준에 맞추어 행동하고 대화하도록 유도하는지에 대한 차이가 이 둘의 결정적인 차이를 만들어냅니다.

멘토는 현재 상대방이 처해 있는 상황과 상대방이 이루어낸 성과에 초점을 맞춥니다. 즉 현재와 미래의 관점에서 이야기하며 대화의 포커스를 상대방에게 두고 있습니다. 불필요하게 개입하는 것이 아니라, 상대방이 필요로 할 때 그 사람의 입장에서 현재, 그리고 미래를 고민하고 이야기하며, 상대방의 미래를 응원합니다. 멘토가 가진 과거의 경험은 상대방에게 조언을 하기 위한 예시나 이해를 돕기 위한 참고 자료일 뿐, 모든 포커스는 도움을 필요로 하는 상대방에게 맞추어져 있습니다.

라떼 장인들의 초점은 '과거에 행복했던 나 자신'입니다. 라떼 장인들은 현재와 미래가 아닌 과거에 삽니다. 정확하게는 과거의 영광과 과거의 성공이라는 달콤한 과거를 끊임없이 상기합니다. 비슷한 상황을 겪고 있는 상대방이 있다면 상대방의 입장에서 생각하고 조언을 하는 것이 아니라, 본인의 성공 경험을 기준으로 '이렇게 하지 않으면 안 된다', '나는 이렇게 했었다'는 이야기를 하면서 결국 본인의 성공 공식에 상대방이 따르기를 바랍니다. 나아가 본인이 성공한 경험은 더 어려운 환경에서 이루어졌음을 상대방에게 이야기하면서 과거의 경험을 미화하기까지 합니다. 그렇다 보니 주객이 전도되어 도움을 필요로 하는 상대방에게 도움을 주는 것이 아니라, 되려 그 과정에서 본인이 과거의 경험을 떠올리며 스스로 셀프 동기 부여 하는 효과가 나타납니다. 반면에 그 상황에서 도움을 필요로 했던 상대방은 원치 않는 잔소리와 타인의 성공 영웅담을 듣느라 시간을 소모했다고 생각하게 되는 결과를 낳게 됩니다.

라떼 장인의 심리는 무엇일까?

〈레미니센스Reminiscence〉라는 영화에는 사람들의 기억을 읽을 수 있는 탐정인 닉(휴 잭맨)이라는 캐릭터가 등장합니다. 그의 고객들은 과거로의 기억 여행을 통해 문제를 해결하려는 사람들입니다. 그리고 닉은 그런 상황을 이렇게 표현합니다. "과거만큼 중독적인 것은 없다"라고 말입니다.

과거의 기억을 떠올리며 그 과거에 집착하는 현상을 심리학에서는 '무드셀라 증후군'이라고 이야기합니다. 무드셀라 증후군의 유래는 성경책에 있습니다. 무드셀라는 노아의 방주로 유명한 노아의 할아버지이자, 성경에서 가장 오래 생명을 이어간 인물입니다. 무드셀라는 나이가 들어갈수록 과거를 회상하기를 좋아하고, 과거를 회상하면서 좋은 기억만 떠올리는 경향을 보였다고 전해집니다. 뿐만 아니라 행복했던 과거의 그 시절로 돌아가고 싶어 하기도 했다고 묘사됩니다. 무드셀라 증후군은 과거의 행복했던 자신의 모습으로 회귀하려는, 일종의 퇴행 심리를 대표하는 심리학적 현상으로 일컬어집니다. 무드셀라 증후군을 가진 사람은 과거를 회상하는 것만으로도 스트레스를 해소하고 만족감을 느끼는 상태가 됩니다. 레트로 또는 복고 마케팅은 이러한 무드셀라 증후군을 활용한 사례이기도 합니다. 과거의 향수를 불러일으킴으로써 사람들에게 행복했던 시절을 떠올리게 하는 효과를 노리는 것이지요. 살면서 우리는 누구나 추억에 젖을 수 있기 때문에 짧은 시간 동안의 무드셀라 증후군을 경험하기도 합니다.

라떼 장인들의 심리는 달콤한 본인의 과거에 중독된 상황이자, 무드셀라 증후군처럼 즐겁고 행복했던, 잘나갔던 본인의 과거로 회귀하려는 것과 같습니다. 다만 그 정도가 일반적인 사람들보다 과도하다는 특징을 가지고 있습니다. 반복적으로 같은 과거를 회상하고, 같은 과거에서 빠져나오지 못한 상태로 그 당시의 방식과 행동을 다른 사람에게 마치 정해진 성공의 공식인 것처럼 강요한다거나, 과거의 본인 경험으로 지속적으로 퇴행한다는 것은 분명히 문제가 있는 심리적 상태라고 할 수 있습니다.

다른 측면에서 생각해 보면, 과거로 지속적으로 퇴행하고 '라떼'를 이야기하는 것은 현재가 그만큼 만족스럽지 않다는 것을 반증하기도 합니다. 즉 대체로 라떼 장인들이 현재 본인이 과거만큼 즐겁게 일하지 못한다든가, 과거만큼 인정받지 못한다든가, 혹은 과거와 같은 열정이 사라져서 아쉬운 상태일 수 있습니다. 그래서 계속해서 과거의 영광을 누렸던 내 모습으로 돌아가고 싶고, 과거의 기억을 미화해서 더 긍정적으로 부풀리게 됩니다. 그리고 누군가 그와 관련한 이야기를 꺼내면 그 기억을 상기시키면서 과거의 즐거웠던 자신의 모습으로 회귀하게 됩니다. 그 결과, 과도하게 말이 많아지고, 과거에 자랑스러웠던 자신을 회상하면서 사람들에게 '내가 이런 사람이었다'라는 것을 과시하고 싶어 하기도 합니다. 과거의 영광 속에 사는 사람의 심리라고 한다면 심지어 안쓰럽게 느껴지기도 합니다.

오피스 빌런 라떼 장인과 함께 일하기 위해
우리는 어떻게 해야 할까?

———

라떼 장인은 회사에서 나이가 많거나, 직급이 높거나, 근속 연수가 긴 경우 등과 같이 상하 관계에서 주로 관찰되고는 합니다. 그러나 최근에는 조직이 과거보다 수평화되면서 오히려 '젊꼰(젊은 꼰대)'이라는 단어가 등장할 정도로 연령이나 위계 등과 무관하게 다양한 모습으로 등장하고 있습니다. 이들과 마주치지 않는 것이 가장 좋은 방법이지만 업무를 하다 보면 뜻하지 않게 함께 협업을 해야 하는 경우가 생기게 됩니다. 훗날을 대비하여 원만하게 관계를 유지해야 할 필요성이 있기 때문에 속으로는 짜증이 나지만 싫은 내색을 하기도 쉽지 않습니다. 그렇다면 상황을 슬기롭게 해쳐 나가기 위한 방법을 함께 고민해 보고자 합니다. 갑작스럽게 사업 기획 태스크포스ᵀᶠ가 구성되어서 옆 부서의 소문난 라떼 장인과 함께 프로젝트에 투입된 상황을 가정해 봅니다.

◎ 종결형 질문 활용하기

TF가 구성된 첫날, 킥오프 미팅 이후 직원 간 소통을 중요하게 생각하는 우리 회사는 TF 멤버들의 의사와 상관 없이 회식 자리를 만들었습니다. 식당에 도착했는데 마침 라떼 장인과 같은 테이블에 앉게 되었네요. 우리의 라떼 장인은 본인이 전 직장에서 했다는 비슷한 프로젝트 경험을 늘어놓으며 무용담을 펼칩니다. 아무리 생각해 봐도 그렇게까지 어려운 과업은 아니었던 것 같고, 별로 중요한 역할을 하지도 않을 것 같은데 말이죠. 점점 이야기가 길어지고 있어서 아주 피곤한 상황입니다.

이럴 때 활용할 수 있는 스킬은 종결형 질문을 통해 발단, 전개, 위기, 절정 각 단계를 최대한 빠르게 생략하고 결말로 유도하는 것입니다. 예를 들어, 라떼 장인이 프로젝트 진행 과정에서 어려움을 본인이 모두 해결했다는 허무맹랑한 이야기에 심취해 있다면 "와, 정말 고생하셨네요! 그래서 결과적으로 잘 실행이 되었나요?"라는 질문을 던지는 것입니다. 물론 우리의 라떼 장인은 결말을 설명하면서도 대서사시를 그릴 가능성이 높습니다. 그렇지만 그 테이블에 앉아있는 모든 사람들이 결말을 알게 된 상황에서 다시 전 단계로 돌아가서 설명을 이어가는 것은 쉽지 않으며, 무엇보다 결말까지 이르는 과정을 최대한 생략함으로써 여러분의 소중한 시간을 조금이나마 절약할 수 있게 됩니다.

◎ 역할 부여해 주기

TF 멤버들과 각각 역할을 분담하고 기초 분석 작업을 진행하고 있습니다. 라떼 장인은 본인은 정부 정책, 산업 전망, 경쟁자 동향 등 외부 환경 분석을 하기로 담당하였음에도, 내부 환경 분석을 담당하고 있는 여러분의 작업물을 호시탐탐 관찰하며 훈수를 두고 있습니다. TF 리더도 아니면서 사사건건 조언을 평계로 라떼를 만들고 있는 모습을 보고 있으니 화가 치밀어 오르지만 대응할 수 있는 방법을 생각해 봅니다. 바로 라떼 장인을 표면적으로는 인정해 주는 척하면서 여러분의 일을 일부 분담시키는 것입니다.

예를 들어, "그런데, (라떼) 장인님은 이전에도 이런 프로젝트를 해보셔서 외부 환경 분석은 금방 하실 수 있을 것 같은데, 시간 괜찮으시면 데이터가 맞는지 좀 같이 봐주실 수 있을까요?"라는 요청을 해볼 수 있습니다. 근본적인 목적은 라떼 장인의 관심을 여러분이 담당하는 내부 환경 분석과 관련된 모든 영역(예시: 사업, 제품, 고객 등)에서 데이터로 집중시켜서 개입의 여지를 줄이는 것입니다. 오히려 여러분의 칭찬을 받고 속으로는 기뻐하고 있을 지도 모릅니다. 작전이 성공한다면 어느 정도 시간을 벌 수도 있습니다. 그리고 데이터 검증은 반드시 필요한 작업이기에, 혼자보다는 둘이서 검토한다면 완성도를 높이는 데는 도움이 될 수 있을 것입니다.

◎ "검토해 보겠습니다"

우리의 라떼 장인은 여러분이 상상했던 것보다 훨씬 더 꼰대였습니다. 데이터 검토는 담당자가 혼자, 직접, 알아서 해야 하는 거 아니냐며 기껏 고민한 작전이 전혀 먹혀 들지 않았습니다. 같이 데이터를 봐주기는 싫어하면서, 지금 업무만으로도 충분히 바쁜데 궁금하지도 않은 본인의 경험과 지식을 늘어놓는 것을 듣고 있자니 귀에서 피가 날 것만 같습니다. 라떼 장인은 경영학 교과서에서나 접했던 굉장히 기초적인 분석 방법론들에 굉장히 심취해 있는 듯합니다. 그러더니 갑자기 이전 프로젝트에서 직접 개발했다는 분석틀을 활용하면 모든 문제를 다 해결할 수 있다는 허무맹랑한 소리까지 하고 있습니다.

라떼 장인은 왜 이런 모습을 보이는 것일까요? 라떼 장인은 여러분이 담당하고 있는 업무에 이전 프로젝트에서 사용했던 방법론을 적용해 보고 싶은 것입니다. 회사에서 본인의 성과물을 레퍼런스로 활용하는 사례가 점차 쌓여 나간다면 내부적으로도 인정받고 영향력을 행사할 수 있으리라 기대를 하고 있는 경우 이런 상황이 생길 수도 있습니다. 물론 그 방법론도 일부 참고를 할 수는 있겠지만 이번 프로젝트의 맥락을 고려했을 때에는 적합하지 않은 것으로 보이는 상황일 때, 우리는 어떻게 해야 할까요?

반박할 수 있는 논리는 많지만 지금 당장 눈앞에 쌓여있는 업무들이 많기 때문에 상황을 빠르게 빠져나갈 수 있는 해답은 '검토해 보겠습니다' 한마디입니다. 검토만 한다고 했지 실제 적용 여부는 여러분의 마음이므로 딱히 문제가 될 만한 대답은 아니기에 이렇게 일단 급한 불을 끄고 한숨 돌려봅니다.

◎ 자료를 가지고 반박하기

검토해 보겠다는 대답 덕분에 잠시나마 라떼 장인의 훈수 없이 온전히 여러분의 업무에 집중할 수 있었습니다. 며칠 뒤, 확신과 기대에 가득찬 눈빛으로 다가와서 본인이 제안했던 방법론으로 내부 환경 분석을 하고 있는지 물어봅니다. 이번 프로젝트에 그 방법론을 적용하는 것이 무의미한 이유는 요약하자면 굳이 필요 없기 때문입니다. TF가 만들어지기 이전 초기 검토 과정에서 이미 큰 방향성은 경영진의 의사 결정으로 정해졌기 때문에, 라떼 장인이 주장하는 교과서적인 수준의 방대한 내부 환경 분석은 필요 없습니다. 오히려 분석 단계에서 시간을 줄이고 전략을 구체화하는 것이 더욱 효율적이겠죠.

그러므로 여러분이 해야 할 일은 초기 검토 경영진 보고 자료를 가지고 와서 명확하게 설명해 주는 것입니다. 최대한 기분이 상하지 않게, 예를 들어, "(라떼) 장인님의 방법론은 이러이러한 점에서는 유용하지만, 경영진 보고 자료를 보시면 초기 검토 후에 방향성이 결정된 사항들이 있기 때문에 그대로 적용하기에는 무리가 있을 듯하다" 정도면 충분하리라고 생각됩니다. 라떼 장인이 혹시라도 초기 검토 자료를 보지 못했거나 내용을 기억하지 못할 가능성도 있기 때문입니다. 그러나 어쩐 일인지 얼굴이 붉으락푸르락해지면서 본인을 무시하는 거냐며 화를 내기 시작하는데…….

◎ 리더의 의사 결정 받기

이미 앞의 단계에서 여러분은 라떼 장인과 협업을 해야 하는 험난한 상황임에도 불구하고 충분히 할 만큼 했습니다. 그러나 상식과 소통의 문제가 아닌 감정 싸움의 문제로 번진다면 섣불리 대응하기보다는 의사 결정 권한이 있는 리더의 도움을 구하는 것이 필요합니다. 초기 검토 경영진 보고 자료, 라떼 장인의 방법론, 여러분의 작업물을 가지고 가서 상황을 객관적으로 설명합니다. ①(라떼) 장인님이 내부 환경 분석에 본인의 방법론을 적용하자는 의견을 줬다 ②그러나 경영진 보고 자료를 검토하면 이러이러한 점에서 적용하기에 적합하지 않은 것으로 판단된다 ③따라서 지금과 같은 방식으로 진행하고자 하니 검토를 부탁드린다와 같이 감정적인 표현은 반드시 자제해야 합니다. 그리고, ①문제 상황 ②검토 결과 ③향후 계획을 명확하게 전달하는 것이 중요합니다.

잠시 고민에 빠진 TF 리더는 여러분이 하고자 하는 방향대로 진행하라는 답을 줍니다. 덧붙여서, 라떼 장인이 지금 본인이 해야 할 외부 환경 분석은 진도가 안 나가는 와중에 다른 TF 멤버들의 업무에 지나치게 개입해서 멤버 교체를 고민 중이었다는 이야기를 듣게 됩니다. 자, 이렇게 상황은 일단락되었습니다. 앞으로 한동안은 라떼 장인과 마주칠 일은 없어질 것입니다.

05

계획에 따라 작업을 진행하는
업무 코디네이터
-------------------------- vs. --------------------------
융통성 없는
'매뉴얼 싸이코'

'정해진 계획에 따라, 정해진 규칙대로 업무를 처리한다'라는 이야기를 들으면 어떤 생각이 드시나요? 혹자는 '루틴해 보여서 재미없다'라고 이야기하고, 또다른 누군가는 '매뉴얼대로 업무를 하면 체계적으로 일할 수 있어 좋다'라고 이야기합니다.

예를 들어, 새로운 업무를 추진한다고 상상해봅시다. 만약 매뉴얼이 없다면? 처음부터 끝까지 맨땅에 헤딩하는 마음으로 시행착오를 겪으며 헤쳐가야 합니다. 물론 그 과정이 도전적이고 재미있을 수 있습니다. 그런데 모든 업무가 다 그렇게 백지 상태에서 추진해야 한다면 당연히 '지금 내가 하고 있는 게 맞나?' 하는 고민이들 수밖에 없습니다. 그리고 계속되는 불확실성은 안정적인 업무 환경에 대한 동경을 만들어냅니다. 사람 심리는 늘 충족하지 못한 부분을 향해가는 경향이 나타나기 때문입니다.

매뉴얼에 따라 새로운 업무도 단계별로 추진할 수 있다면 시행 착오가 줄어들 수 있다는 장점이 있습니다. 그리고 매뉴얼이 있다면 최소한 '어떻게 업무를 해야 하는지'에 대해 감을 잡을 수 있고, 순서에 따라 체계적으로 업무를 추진할 수 있는 토대가 됩니다.

기본적으로 많은 사람은 조직의 구성원 모두가 각자의 정보와 지식 체계를 가지고 있다고 생각하기 때문에, 퇴직하는 구성원에게 업무 매뉴얼을 작성하도록 요구하는 것을 보게 됩니다. 그리고 그것을 전달하는 과정을 '인수인계'라고 이야기합니다. 담당자가 퇴직하고 그 업무를 이어가기 위해 필요한 내용이므로 생각보다 곳곳에서 정보 관리에 대해 많은 부분을 고민하고 있다는 것을 알 수 있습니다.

우리 주변의 일 잘하는 동료들을 떠올려보면, 각자의 업무 프로세스가 체계화되어 있고 스스로 이를 숙지하고 있는 것을 볼 수 있습니다. 그리고 같이 일하기 좋은 동료들은 그 업무 매뉴얼을 함께 공유하고 지원해 주는 동료들입니다. 우리는 이들을 계획에 따라 업무를 추진하는 효과적인 코디네이터coordinator라고 부를 수 있습니다.

많은 글로벌 회사들이 지식 관리knowledge management를 강조하면서, 프로젝트를 마친 후의 암묵지를 기록해 두고 이를 다른 프로젝트에서 참조하도록 하고 있습니다. 다양한 변화가 이루어지는 시대에 지식 관리는 조직에서 외부 환경에 유연하게 대처할 수 있는 학습 조직learning organization을 조성하는 데 매우 중요한 요소이며, 외부 환경 변화에 조직이 얼마나 민첩하게 대응할 수 있는가learning agility에도 영향을 미칩니다.

그런데 그 매뉴얼화와 지식 자산화에 너무 집착한 나머지 조직 내에서 문서가 없으면 일을 하지 못하는 사람들이 있습니다. 우리는 이들을 '매뉴얼 싸이코'라고 부르기로 했습니다.

우리 주변에서 볼 수 있는 계획적인 사람들과 매뉴얼 싸이코의 유형

✅ 계획적으로 일 잘하는 사람

세계적인 경영학자인 피터 드러커는 〈자기 경영 노트The effective

executives〉를 통해 일 잘하는 사람은 스스로 일하는 방식에 대해 기록하고 분석하여 업무의 우선 순위를 정하고, 강점을 높일 수 있는 방법을 아는 사람이라고 언급한 바 있습니다. 계획적이고, 스스로 하는 업무를 효율화하는 사람은 '일 머리'를 가진 사람이라고 이야기하지요. 흔히 이야기하는 MBTI 유형에서 'J'(계획형)를 가진 사람들 중에 이런 특징을 발휘하는 사람들이 다양하게 나타납니다.

우리가 볼 수 있는 계획적이면서도 일을 잘한 사람들을 고민해 볼까요? 예를 들어, 훌륭한 전략가로 일컬어지는 〈삼국지〉의 제갈공명을 떠올려 보면 이해가 쉽습니다. 제갈공명의 전략은 상대방의 수를 읽고 한발 앞서 대응한다는 것이 특징입니다. 그리고 융통성있게 그 상황을 활용한다는 것도 사람들로 하여금 통쾌함을 선사합니다. 그 유명한 '적벽대전'에서의 제갈공명을 떠올려볼까요?

적벽대전에서 제갈공명은 두 가지 유명한 전략을 풀어냅니다. 손권의 책사였던 주유가 유비의 책사인 제갈공명을 믿지 못하고, 시험하고자 화살 10만 개를 열흘 안에 만들어오라고 요구합니다. 제갈공명은 사흘 안에 가져오겠다고 장담하고, 안개 속에서 조조의 군대를 유인하여 화살을 쏘도록 합니다. 제갈공명은 조조의 군대가 볏짚을 엮은 배에 쏜 화살 10만 개를 주유에게 보여줍니다. 나아가 제갈공명은 바람의 방향에 따라 달라질 수 있는 전술을 고려하여 조조의 군대를 격파합니다.

많은 사람들은 전략과 전술은 미래를 내다보는 계획이라고들 이야기합니다. 제갈공명의 전략은 주변의 환경과 상황을 이용하는 융통성과 제갈공명 특유의 통찰력이 결합된 결과라고 할 수 있습니다. 제갈공명의 원칙은 일반적으로 삼공三公, 즉 공평, 공정, 공개로 알려져 있습니다. 전쟁이라는 특수한 상황을 고려하지 않은 채 삼공을 편협한 관점으로 해석한다면, 위의 사례에서 제갈공명의 전략은 상대를 기만했으므로 '공정하지 못하다'고 비판받아야 마땅할 것입니다. 그러나 공정의 원칙을 지키기 위해, 볏짚이 아닌 병사들이 화살 10만 개를 맞게 하는게 의미있는 '공정'의 결과일지는 다시 생각해 보아야 합니다.

주변에서 계획적이되 그 계획을 환경과 상황에 맞게 융통성 있는 적용을 이뤄낼 수 있는 '일잘러' 동료들을 본 적 있으신가요? 이들은 우리에게 제갈공명과 같은 빛과 소금이 되어줄 수 있는 이들입니다.

❌ 오피스 빌런: 매뉴얼 싸이코

다들 알고 있다시피, 일본은 매뉴얼의 나라라고 해도 무방할 정도로 다양한 상황에서의 행동 지침이 구체적으로 매뉴얼화되어 있습니다. 일본의 매뉴얼주의 문화는 일본 전통의 장인 문화에 기반하고 있습니다. 제조 과정의 체계적인 매뉴얼과 이를 우직하게 지켜나가는 일본인들의 태도는 일본 제품이 높은 완성도와 고품질로 구성되어 있다는 소비자들의 신뢰를 만들어가는 데 매우 중요한 역할을 하고 있습니다. 기업뿐만 아니라 지진, 태풍 등의 재난 상황에서도 일본이 가진 대응 매뉴얼은 사람들이 침착하게 대응하는 데 중요한 역할을 하고 있습니다.

그런데 이 일본의 매뉴얼 문화는 2011년에 발생한 동일본 지진과 코로나19 사태에서 안타까운 사례를 발생시킵니다. 바로, 예측 불가능한 상황에서 '매뉴얼이 없기 때문에 일을 할 수 없다'라는 이야기를 정부가 직접 이야기하는 사태가 벌어진 것입니다.

2011년 동일본 지진이 발생했을 때 구호품을 전달하는 과정과 외국인 자원봉사자들이 입국해서 활동하는 데 '매뉴얼에 따라야 한다'라는 일본 정부의 대응이 문제가 된 적이 있습니다. 이와 같은 대응은 지진 발생 후 2주간 구호품이 해당 지역으로 도착하지 못하도록 하는 결과를 낳았고, 많은 사람의 비난을 받기도 했습니다.

지난 코로나19 사태 때에도 일본의 크루즈 선박에서 확진자가 나오자 일본 정부에서는 '매뉴얼이 없다'는 이유로 격리하지 않고 하선도 못 하도록 막아서 해당 크루즈에서 피해자가 700명 이상 나오는 비극적 결과가 나타났습니다.

우리가 흔히 이야기하는 매뉴얼 싸이코는 매뉴얼 만능주의가 만들어내는 안타까운 상황들을 만들어 냅니다. 매뉴얼이 없으면 아무것도 못 한다, 책임 여부가 달라지기 때문이라는 논리에 휩싸여 융통성 없이 아무것도 하지 않고 매뉴얼에만 집착하는 사무실의 누군가가 바로 떠오르지 않나요?

계획에 따라 작업을 진행하는 코디네이터와 매뉴얼 싸이코, 무엇이 다른가?

코디네이터와 매뉴얼 싸이코를 결정짓는 가장 큰 차이점은 사고의 유연함에 있습니다. 명확한 규정이나 매뉴얼이 존재하더라도 개인에 따라서는 이를 잘못 이해할 수 있습니다. 또한 매뉴얼이 존재하지 않는 상황이라고 하더라도 과거의 유사한 사례나 관행, 업무의 중요도, 영향력 등을 고려하여 충분히 합리적으로 해낼 수 있는 일들이 있을 것입니다. 이처럼 상황과 개인의 이해도에 따라 제약이 있더라도 이를 해결해 나아가는 방식에서 차이를 보입니다.

코디네이터는 매뉴얼과 확인 가능한 정보 등을 토대로 이해 관계자들과의 소통을 통해 계획을 수립하고 달성하고자 하는 바를 효과적으로 추진할 수 있습니다. 그 과정에서 본인이 잘못 이해하고 있는 사항이 있다면 열린 마음으로 수용하고 문서화하여 추후에 유사한 상황이 발생하였을 때 구성원들이 활용할 수 있는 지적 자산을 축적해 나갑니다. 혹여 매뉴얼이 없는 상황이라고 하더라도 문제 해결이라는 본질적인 목적의 달성을 위해서 대응 방안을 고민합니다.

반면에 매뉴얼 싸이코는 매뉴얼이 불완전할 수도 있다는 생각, 혹은 본인이 편협하게 매뉴얼을 이해하고 있을지도 모른다는 생각을 할 가능성이 낮습니다. 최소한의 프로세스 또는 핵심적인 사항에 대해 정리된 매뉴얼을 본인에게 유리한 방향으로 확대 해석함으로써 비효율을 발생시킨다거나 혹은 책임 소재가 불분명한 일은 하지 않을 근거로 활용하기도 합니다. 따라서 본인이 자의적으로 해석한 매뉴얼에 적극 따르거나 혹은 하지 않거나 하는 극단적인 양상을 보입니다.

매뉴얼 싸이코의 심리는 무엇일까?

매뉴얼은 효율적이고 생산적으로 같은 품질의 제품을 만들기 위해 산업혁명 이후 활발하게 논의되었던 테일러Taylor의 과학적 관리론과 맞닿아 있습니다. 과학적 관리론은 업무를 수행하는 사람이 효율적으로 진행할 수 있도록 하는 방안을 설명하려는 이론입니다. 테일러는 공정 시간을 최대한 단축하기 위해 가능한 방안들을 기술하고, 이를 교육하여 생산성을 높이고자 했습니다. 테일러 외에도 길브레스Gilbreth는 과학적 관리를 강화하기 위해 작업 과정의 동작을 분석하여 세부 사항을 기록하고, 작업을 수행하는 가장 좋은 방법인 모범 사례를 기록하고 교육함으로써 공정 과정 자체를 효율화해야 한다고 주장하기도 했습니다.

과학적 관리론은 독일의 사회학자인 베버Weber가 업무를 수행하기 위한 계층화된 구조와 절차를 제시하면서 확장됩니다. 베버는 효과적인 업무 환경을 구축하기 위해서는 명확한 권한과 지침이 있어야 한다고 주장했습니다.

베버 외에도 파욜Fayol은 직원들의 업무 효율성을 강화하기 위해 리더의 관리와 교육이 이루어져야 한다는 부분을 강조했습니다. 파욜은 계획의 단계와 계획을 실행하기 위한 자원의 구성, 목표를 달성하기 위한 작업 위임, 전체 활동을 통합한 조정, 그리고 전체 계획과 개인별 노동자의 행동을 비교하는 모니터링과 평가가 리더의 주요 책임이라고 제시하기도 했습니다. 즉 과학적 관리론에 따르면 매뉴얼은 효과적인 수행을 하는 사람을 육성하는 것이 아니라, 업무 프로세스의 효율화를 위한 수단이라고 할 수 있습니다.

업무 중심의 행동은 생산에 대한 관심concern for production에 기반하고 있으며, 사람에 대한 관심concern for people에 기초한 관계 지향적 행동과 구분된다는 내용으로 블레이크Blake와 머튼Mouton은 1960년대 초에 리더십의 관리 격자managerial grid 모델을 제시하기도 했습니다. 블레이크와 머튼에 따르면, 업무 중심의 행동을 하는 리더들은 주로 생산에 대해 관심을 가지고 과업 목표를 달성하기 위한 계획과 역할 명료화, 규칙, 방침, 표준 운영 절차에 따른 성과를 강조하며, 효율성, 생산성, 품질의 중요성을 강조한다는 특징이 있습니다. 반면 관계 지향적인 행동을 하는 리더들은 사람에 대한 관심을 바탕으로 상호 신뢰와 협업, 직무 만족과 조직의 만족을 우선시함으로써 지원, 개발, 인정을 중요시하는 경향으로 나타납니다. 이 두 가지의 행동이 적절한 조화를 이룬다면 가장 이상적일 수 있다는 점에 착안하여, 관리 격자 이론에서는 수평축에 리더의 생산에 대한 관심을, 수직축에 사람에 대한 관심을 배치하여 두 가지의 축을 가지고 다섯 가지의 리더 유형을 구분했습니다.

관리 격자 이론에서 나타난 리더의 유형 첫 번째는 무관심형 impoverished management으로 업무와 사람 어느 쪽에도 관심을 보이지 않고 오로지 자신의 리더 지위 유지를 위해 행동하는 리더입니다. 두 번째는 컨트리 클럽형country club management으로, 업무보다는 사람에 대해 관심을 보이는 리더 유형이며, 세 번째는 권한 순응형 authority obedience management으로 업무에 대해서만 관심을 가지고 사람은 업무 수행의 수단으로만 여기면서 리더의 권한을 중요하게 생각하는 유형입니다. 네 번째는 팀형team management으로, 업무와 사람 모두에 대해 관심이 높아서 함께 목표를 달성하는 팀워크에 관심을 가지는 유형이며, 다섯 번째는 업무와 사람 모두에게 중간 정도의 관심을 보이고 균형을 맞추기 위해 적당한 노력을 투입하는 중도형middle of the road management입니다.

우리가 볼 수 있는 매뉴얼 싸이코는 이들 중에서도 권한 순응형에 가까운 사람이라고 할 수 있습니다. 매뉴얼 싸이코는 사람에 대한 관심을 가지고 상황에 따라 융통성을 발휘할 수 있는 사람이 아니라, 매뉴얼이 없으면 권한과 책임을 부여할 수 없기 때문에 매뉴얼에만 집착합니다. 매뉴얼 싸이코의 행동은 사람에 대한 관심 people for concern이 부족한 상태에서 업무 수행 과정에서 본인들의 권한과 책임에 대한 강박에 가까운 태도로 인해 나타난다고 할 수 있습니다. 이들에게 매뉴얼은 권한과 책임이 명확한 문서일 뿐만 아니라, 본인들이 기존에 해온 업무의 관행과 지위를 뒷받침해주는 일종의 규칙과도 같은 의미를 지닌다는 것이지요. 수단인 매뉴얼이 목적화 되어버린 매뉴얼 싸이코들의 행동, 이제 이해가 가시나요?

오피스 빌런 매뉴얼 싸이코와 함께 일하기 위해 우리는 어떻게 해야 할까?

우리 함께 매뉴얼 싸이코 대응 방안을 고민하기에 앞서서 갈등이 발생하는 근본적인 원인을 명확하게 할 필요가 있습니다. 〈그림 7〉에서 A의 영역은 회사의 명확한 매뉴얼이 존재하나 서로의 관점이나 관행에 의존함으로써 이해도에 차이가 발생하는 상황입니다. B의 영역은 ① 회사의 매뉴얼이 존재하지 않는 경우임에도 각자가 자의적으로 상황을 해석하여 갈등이 발생하거나, ② 회사의 매뉴얼이 존재하는 상황에서도 빌런과 내가 이를 인지하지 못하고 각자의 경험에 의존하여 상황을 해석함으로써 갈등이 발생하는 상황

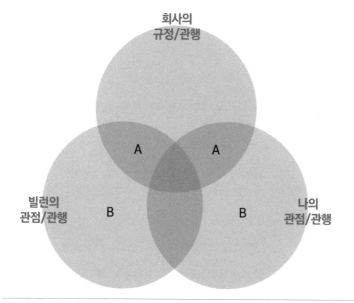

회사의
규정/관행

빌런의
관점/관행

나의
관점/관행

A

A

B

B

| 그림 7 | **갈등의 유형**

으로 볼 수 있습니다. A와 B의 영역 모두 일반적인 환경에서는 소통과 합의를 통해 공통의 정답을 찾아 나갈 수 있는 건설적인 갈등이지만, 우리의 상대방은 말이 통하지 않는 빌런이라는 것을 다시 한번 상기할 필요가 있습니다. 그럼에도 불구하고 피할 수 없는 갈등이라면 원활하게 대응할 수 있는 방안을 찾아보도록 하겠습니다.

A 영역의 갈등에서 그나마 희망적인 점은 빌런과 내가 모두 회

사의 규정과 관행을 따르고 있다는 점에서 오답은 아니라는 것입니다. 그렇기 때문에 더욱 갈등이 심화되기 쉬운 상황으로서, 빌런의 주장대로 일을 진행한다면 일이 진행될 수는 있지만 효율성이나 효과성이 떨어질 것으로 심히 우려되기 때문에 우리는 화가 날 수밖에 없습니다.

이때 주의해야 할 점은 빌런의 A 영역을 나의 A 영역으로 끌어들이려는 직접적인 시도입니다. 매뉴얼 싸이코는 기본적으로 회사의 규정이나 관행에 대해 본인의 해석이 100% 정답이라고 생각하기 때문에, 그가 동료이건 상사이건 등의 여부와 상관없이 상충되는 의견을 제시한다면 본인에 대한 공격으로 받아들일 가능성이 매우 크기 때문입니다. 또한 빌런의 의견도 원칙적으로 틀린 것은 아니므로 나의 주장을 관철시킬 명분도 비교적 약한 측면이 있습니다.

다시 한번 강조하지만 빌런의 A 영역도 틀린 것은 아니므로 직접적인 충돌에 따른 소모적인 논쟁은 최대한 피하는 것이 바람직합니다. 그렇다면 우리가 할 수 있는 방안은 상사의 지시 또는 주변 동료의 의견 등과 같은 외부 자원을 활용하는 것입니다.

상사가 주재하는 회의 또는 동료들과 소통이 비교적 활발한 조직이라면 먼저 갈등이 발생하는 영역에 대해서 가볍게 화두를 던지고 의견을 구해보는 것이 좋습니다. 주의해야 할 점은 빌런의 A 영역과 본인의 A 영역에 대해서 명확하게 나의 의견을 밝히지 않아야 한다는 것입니다. 예를 들어, "과거 자료 등을 참고해보니 A1(빌런의 A)으로 하는 경우도 있고 A2(나의 A)로 하는 경우도 있는데 각각의 장단점이 있어서 이번에는 어떻게 진행을 하는 것이 좋을지 고민이다" 정도로 가치 판단은 배제한 채 이야기를 해보는 것이 바람직합니다.

이 글을 읽는 당신이라면 높은 확률로 A2(나의 A)에 대해서 긍정적인 의견이 많을 것입니다. 그렇다면 문제는 비교적 명확하게 해결될 수 있습니다. 추후에 빌런과 혹여 의견 충돌이 발생하게 된다면, 그 의견에 대해서 기본적으로 동의하는 척을 하되 이 날의 기억을 다시 한번 상기시켜주면서 외부의 힘으로 나의 A 영역에 끌어들이는 것입니다.

만약 주변의 지원을 활용하여 빌런의 A를 나의 A로 끌어들이기 어려운 상황에서, 빌런의 A를 진행했을 때 예상되는 단점이 명확하다면 '제3의 A'로 빌런을 유도하는 방법에 대한 고민이 필요합니다. 앞서 언급한 바와 같이 '빌런의 A'에 대해 직접적으로 반론을 제시하는 것은 더욱 큰 충돌을 발생시킬 수 있기 때문에, 소통의 기본적인 전제는 감정을 배제하고 의견을 구체적으로 검토하고 타협 방안을 찾고자 하는 모습을 보이는 것입니다. 예를 들어, 과거에 다른 방식으로 성과를 개선한 사례, 또는 유관 부서의 검토 의견 등을 접목해서 A3(제3의 A)를 함께 만들어내는 방법을 생각해 볼 수도 있습니다. 만약 당신이 '빌런의 A'보다는 A3가 더욱 효율적 또는 효과적인 방안이라는 확신이 있다면 시도해 볼 만합니다. 이를 통해서 만족스러운 결과를 얻었다면 충분히 빌런의 기여분(실제로는 아무 기여를 하지 않았더라도)에 대해 인정과 감사를 표현하는 것이 좋습니다. 만약 A3가 만족스럽지 않은 결과를 가져왔다고 하더라도 괜찮습니다. 이는 혼자 한 것이 아니라 빌런과 함께 결정하고 추진한 것이기 때문에 책임이 분산될 수 있기 때문입니다.

다음으로 B 영역의 갈등에서 근본적인 문제점은 '빌런의 매뉴얼'이 세상에 존재하지 않는다는 것입니다. 회사의 명확한 기준이 있거나 혹은 없는 상황에서 본인만의 해석과 판단으로 한정적인 정보에 의존해서 일을 하거나 혹은 하지 않으려고 하는 경우에 갈등이 발생하게 됩니다.

B 영역에서 갈등을 발생하게 하는 빌런은 기본적으로 위험 회피 성향이 높다고 할 수 있습니다. 책임 소재가 불분명한 사건 등에 대한 경험으로 인해서 일이 잘못 진행되고 문제가 발생하는 상

황을 극도로 경계하게 되는 것입니다. 따라서 매뉴얼이 있는 상황에서는 지나치게 적극적이거나, 매뉴얼이 없는 상황에서는 지나치게 소극적인 경향을 보이게 됩니다.

이러한 상황에서 갈등을 최소화할 수 있는 기본적인 대응 방안은 A 영역과 유사합니다. 빌런보다 상급자이거나 경험이 풍부한 동료 직원들의 권위를 빌리는 것입니다. 업무의 명확한 기준과 프로세스가 정립되지 않은 상황에서는 소수의 코디네이터들이 보유한 경험 지식이 돌파구가 될 수 있습니다. 즉 코디네이터들은 업무가 체계화되지 않은 상황에서도 업무의 본질적인 목표에 대한 고민과 실행력을 토대로 원하는 바를 달성하는 데에 도움을 줄 수 있을 것입니다. 단, 이러한 경우에도 직접적으로 답을 구하는 것보다 B1(빌런의 B), B2(나의 B), B3(제3의 대안)에 대해서 먼저 주도적으로 고민하고 충분히 검토한 결과를 토대로 의견을 구하는 것이 좋습니다. 만약 B2에 대해서 긍정적인 의견을 얻게 된다면 스스로 업무에 자부심을 가져도 좋을 것입니다. 알고 보니 B1 또는 B3가 정답에 가까운 것으로 확인되더라도 괜찮습니다. 이번 기회에 알지 못했던 회사의 규정이나 관행 또는 업무를 진행하는 새로운 관점에 대해서 학습할 수 있는 계기가 되었으며, 이를 통해서 한 단계 더욱 성장한 내가 될 수 있다는 점에서 의미를 찾을 수 있기 때문입니다.

그러나 주변에서 도움을 구할 인적 네트워크가 부족하다면 힘들더라도 많은 노력과 학습을 토대로 나만의 무기를 갖추고 빌런과의 직접적인 대면이 필요합니다. 빌런보다 회사의 규정 또는 매뉴얼을 더욱 정확하게 이해하고 과거의 주요 업무 히스토리를 명확하게 파악해서 대응하는 것입니다. 이러한 노력을 통해서 기준으로 삼을 만한 문서를 찾았다면 빌런과의 갈등 해결은 생각보다 수월할 수 있습니다. 정확한 과거 어느 시점의 내부 자료 또는 회사의 세부 규정이나 지침 등을 가지고 빌런을 안심시킨다면 내 편으로 만들 수 있는 기회가 될지도 모릅니다. 매뉴얼에 집착하는 빌런이 만약 당신의 상사라면 이번 기회에 불안해하는 상사를 안심시켜줌으로써 핵심 인재로 인정받을 수도 있습니다.

하지만, 만약 결과적으로 일이 빌런이 의도한 대로 진행되더라도 괜찮습니다. 이러한 노력을 통해서 당신은 회사의 규정과 프로세스, 과거 업무 히스토리 등을 누구보다 명확하게 이해할 수 있게 되었으며, 더욱 탄탄한 무기를 가지고 언젠가는 빌런을 이길 수 있게 되었습니다. 승리감과 더불어 한 단계 성장한 자신과 주변 동료들의 인정은 덤입니다.

만약 위의 A와 B의 영역에서 갖은 노력에도 불구하고 타협의

여지가 없다면 채택할 수 있는 방법은 빌런의 주장대로 진행하고 책임을 전가하는 것입니다. A영역은 회사의 규정과 관행은 준수하였다는 점에서 큰 이슈는 없으리라는 희망을 가져봅시다. 그러나 회사의 매뉴얼이 적용되지 않는 B의 영역에서 이슈가 발생하였다면 여러분도 책임으로부터 자유로울 수 없을지도 모릅니다. 그러므로 빌런과의 모든 업무 관련 소통은 최대한 서면으로 진행하고 히스토리를 기록해두는 것이 만일에 상황에 대비하는 최소한의 안전망이라고 할 수 있습니다.

마지막으로 주변의 지원을 활용할 수 없고 코디네이터도 존재하지 않을 정도로 경직된 조직이라면, 지속적으로 근속을 할 가치가 있을지 진지한 고민이 필요합니다. 매뉴얼 싸이코와 상대하느라 시간과 체력을 낭비하기에는 여러분은 너무나 소중하고 잠재력이 무한한 존재이기 때문입니다.

06

정보를 입수하고 관리하는
모니터링 전문가
vs.
사내 소문의 근원지
'사내 라디오'

여러분은 회사에 도는 몇 가지의 소문을 알고 계신가요? 정확하게는 하루에 몇 가지의 '카더라'를 접하고 계신가요? 사내 메신저와 개인 메신저를 타고 회사의 소문과 루머는 매일 매일 돌아다닙니다. 발 없는 말이 천리를 간다고 하지만, 요즘 발 없는 말은 SNS를 타고 대한민국 LTE 속도만큼이나 빠르게 전달됩니다. 그 다양한 소문들의 주인은 때로는 회사이고, 때로는 옆 자리 동료가 되기도 합니다. 소문이 개연성 있고 자극적이며, 흥미롭다면 기정사실화하여 수용하고 소비하는 형태를 보이기 때문에 '나'를 둘러싼 주변의 소문들에 사람들은 더 크게 흥미를 느끼게 됩니다.

2015년에 발표한 〈사람인〉의 직장인 대상 설문 조사에 따르면, 직장인의 85%가 사내 루머를 들어본 적이 있으며, 56.3%는 알게 된 루머를 주변에 퍼뜨린 경험이 있다는 응답을 했다고 합니다. 심지어 직장인의 32.8%는 사내 루머의 주인공이 되어 시달려본 적이 있다는 결과가 나타나기도 했습니다. 주된 루머의 내용도 성격과 행동, 이성 관계, 이직과 퇴사, 사생활, 주량 등 다양한 전방위 영역으로 퍼져있다고 하니, 사내 루머는 대상과 내용을 가리지 않고 퍼져나갑니다.

소문을 듣게 되거나, 직접 소문을 전하는 것뿐만 아니라 소문을 만들어내는 경우도 있고, 수집하는 경우도 있습니다. 소문을 만들어내는 사람들은 악의적인 목적을 가지고 생산해내지만, 소문을 수집하는 사람들은 두 분류로 나뉩니다. 한 부류의 소문 수집가는 소문의 대상이 된 사람들을 모니터링해서 적절하게 그 소문을 벗어나서 일상으로 돌아갈 수 있도록 돕습니다. 그래서 많은 사람에게 카운슬러의 역할을 해주기도 합니다. 다른 한 부류의 사람들은 소문을 수집해서 퍼뜨리는 역할을 합니다. 이들은 수집한 소문들을 확성기를 통해 광고하는 것처럼 퍼뜨리고, 그 소문을 알고 있다는 것을 이용해서 마치 본인이 엄청난 권력을 가지고 있는 것처럼 포장하는 데 이용합니다. 그리고 그 루머를 가지고 때로는 본인의 이득을 위해 활용할 계획을 세우기도 합니다. 후자에 해당되는 사람들을 우리는 '사내 라디오'라고 부르기로 했습니다.

우리 주변에서 볼 수 있는
모니터링 전문가와 사내 라디오의 유형

✓ 정보를 입수하고 관리하는 모니터링 전문가

회사원들에게 농담처럼 전해지는 전설이 있습니다. 회사에 들어오면 귀머거리 3년, 장님 3년, 벙어리 3년으로 보낼 수 있어야 한다는 이야기입니다. 그만큼 회사에는 돌아다니는 소문이 많다는 것이며, 그걸 듣고도 못 들은 척, 보고도 못 본 척, 그리고 말로 전해서는 안 된다는, 소문에 대한 경각심을 주는 이야기입니다. 그만큼 사내 루머는 '전하지 말아야 한다'라는 것을 모두가 알고 있습니다. 다만 보고 싶지 않아도, 듣고 싶지 않아도 전해지는 루머들을 보면 난감할 때가 많습니다.

넷플릭스 드라마 중 〈정신병동에도 아침이 와요〉라는 작품이 있습니다. 드라마 주인공인 '다은(박보영)'은 정신병동에서 간호사로 일합니다. 환자와 보호자가 공존하는 다은의 일터인 정신병동에도 매번 소문이 돌아다닙니다. 환자와 간호사, 의사 그리고 보호자에 대한 소문까지 소문은 꼬리에 꼬리를 물고 돌아다닙니다. 그리고 그 소문에 아주 성숙하게 대처하는 사람들이 있습니다. 바로 다은의 선배 간호사들과 정신병동의 보호사입니다. 그들은 소문을 있는 그대로 믿지 않습니다. 그리고 소문의 당사자가 직접 무언가를 이야기하기까지 소문이 진짜냐며 몰아세우지도 않습니다. 그저 소문의 주인공이 그 상황을 대처하기 위해 말을 꺼내기까지 기다려 줍니다.

특히 다은의 선배 간호사들의 경우는 다른 사람들이 이야기하는 사내에서의 소문을 듣고 나면 당사자가 그 상황을 어떻게 받아들일지를 함께 걱정해줍니다. 그리고 소문으로 인해 고립될 수 있는 상황을 만들지 않고, 소문을 공개하고 정면으로 반박할 수 있도록 돕습니다. 사내 소문을 모니터링해서 사람들이 소문을 통해 누군가를 고립시키고 공격하려는 심리를 차단하는 것이지요. 그래서 소문의 당사자가 오랜 시간 어려움을 겪으면서도 외롭지 않다고 느끼게 도와줍니다.

혹시 여러분들은 사내에서 소문을 듣게 되면 어떻게 행동을 하시나요? '그거 진짜야?'라고 당사자에게 묻거나, 바로 SNS를 통해 '이런 일이 있대'라며 전하고 계시나요? 누구나 소문의 당사자가 될 수 있다고 생각한다면 어떠한가요? 소문을 들었을 때 어떻게 하는 게 좋을지에 대해 판단이 서지 않나요?

❌ 오피스 빌런: 사내 소문의 근원지 사내 라디오

회사에는 꼭 소문에 발빠르게 대응하는 사람들이 있습니다. 그들은 소문을 수집하고, 또 가장 빠르게 퍼뜨리기도 합니다. 그리고 '이런 이야기가 있다는데'라고 운을 띄우는 순간 결론까지 빠르게 대답해줄 수 있는 빠른 기승전결 능력까지 갖추고 있습니다. 그래서 처음 회사에 입사하면 많은 사람이 '저 사람을 경계하라'라고 말하지만, 정작 그 사람 주변에는 소문을 궁금해 하는 사람들이 많다는 특징도 있습니다.

소문에 대한 '촉'이 유독 강하고, 그 소문을 굴려서 더 크게 만들 수 있는 사람, 그런 사람들이 바로 '사내 라디오'입니다. 넷플릭스 드라마 중에서 〈루머의 루머의 루머〉라는 작품이 있습니다. 한 소녀의 죽음을 둘러싸고 여러 사람들이 그 사이에 연루되어 있다는 것이 밝혀집니다. 그들이 만들어낸 오해와 루머, 그리고 폭력들이 한 사람을 죽음에 이르게 만들었다는 것이 연결 고리처럼 맞춰져갑니다.

루머의 루머의 루머처럼 사실 회사에서도 다양한 루머가 실시간으로 양산됩니다. 특히 인사 시즌에는 '카더라' 통신이 가장 많이 발달합니다. 'A팀장이 다른 부서로 간다더라', 'C팀은 조직 개편이 이루어지면서 D팀과 합쳐진다더라', 'T상무는 이번에 퇴직한다더라' 등의 카더라 통신들은 모두의 귀를 쫑긋하게 합니다.

우리의 사내 라디오는 이런 소문에 '촉'을 더해 본인의 가설을 덧붙여서 소문을 사실인 것처럼 만들어서 이야기합니다. 그리고 마치 본인이 엄청난 정보를 안 것처럼 이야기합니다. 그래서 사내 라디오를 다들 기피하면서도 인사 이동이나 승진이 이루어지는 시즌에는 그를 찾아 묻게 됩니다. '뭐 들은거 없어?'라고 말입니다.

문제는 그 소문들이 그럴싸하게 포장된 내용이고, 그 소문으로 누군가 피해를 보는 상황이 있다고 하더라도 계속해서 사내 라디오를 통해 전파된다는 것입니다. 사내 라디오는 소문이 퍼져 나가고 사람들이 자신을 '정보를 많이 가지고 있는 사람'이라고 생각해서 대단하게 여겨주기를 바랍니다. 어떤 소재든 사람들의 시선을 끌어서 내가 중요한 사람인 것처럼 비추어지는 게 목적이기 때문입니다. 그래서 사내 라디오는 소문의 당사자가 상처받는 것은 전혀 신경쓰지 않습니다. 모든 소문은 제공한 당사자의 탓이라고 생각하기 때문입니다.

혹시 이 글을 읽고 계신 여러분도 사내 라디오의 성향을 보인다고 스스로 생각하고 계시진 않나요? 우리는 누구나 사내 라디오도, 사내 소문의 당사자도 될 수 있다는 점, 잊지 마셨으면 합니다.

모니터링 전문가와 사내 라디오, 무엇이 다른가?

———

모니터링 전문가와 사내 라디오의 차이는 소문을 본인의 우월한 지위 획득을 목적으로 이용하느냐, 아니냐에 따라 나타난다고 할 수 있습니다. 정확하게는 소문을 통해 사람들이 자신을 마치 '사내 로비스트'인 것처럼 인지하게 해서 누군가의 인정 욕구를 충족시키고 싶어 하는 사람이 사내 라디오라면, 모니터링 전문가는 소문으로 인해 발생할 문제점들을 점검해서 조직과 소문의 당사자가 입는 피해를 최소화하려고 합니다.

모니터링 전문가는 소문을 접했을 때 그 소문이 미칠 영향과 파급 효과, 소문으로 인해 발생할 여러 이슈들을 먼저 탐색합니다. 그리고 만약 그 소문의 내용이 특정인을 겨냥하고 있다고 판단될 경우, 관련된 정황을 파악하여 근거 없는 소문으로 특정인이 타격을 받지 않도록 적극적으로 보호합니다. 소문을 모니터링하는 이유 역시 소문이 전파되는 과정에서 조직과 조직 구성원들이 어려움을 겪는 것을 방지하기 위해서입니다.

　반면 사내 라디오는 소문을 오락처럼 활용합니다. 그 오락에서의 승자는 가장 많은 소문을 알고 있는 본인이라고 생각합니다. 그리고 그 소문을 통해 상대방에게 상처를 주거나 타인을 기만하는 것이 이루어진다면, 본인이 권위와 자존심을 가지고 응징하는 데 큰 역할을 했다고 생각합니다. 사내에서 음해하거나 가학성을 가진 소문을 전달하는 것은 재미나 즐거움과 연관된다는 다양한 연구 결과에 따르면, 사내 라디오의 유형에 속하는 사람들은 오락물을 소비하듯이 소문을 소비하면서 상황을 즐기는 모습을 보입니다. 소문을 전파함으로써 스스로 사내에서 대인 관계를 형성하고 유지하는 데 도움이 된다고 생각하고, 소문을 통해 감정 상태를 표출함으로써 소문에 '양념'을 치기도 합니다. 사내 라디오에게는 조직 문화의 와해나, 소문의 당사자가 받는 상처는 전혀 중요하지 않습니다. 오히려 소문을 통해 상대방이 상처받는 손실의 상황을 기대하기도 하고, 그에 비해 우월한 지위를 가진 자신의 모습을 비교하여 스스로 고양되는 모습을 보이기도 합니다.

사내에서 소문을 확산하는 사내 라디오의 심리는 무엇일까요? 소문에는 항상 '감정'이 붙습니다. 불쾌함, 황당함 등 대체로 부정적인 감정이 따라 붙는 게 일반적입니다. 그래서 소문의 대상에게 감정을 표출하는 방식이 소문을 전달하면서 같이 붙게 됩니다. 즉 본인이 소문의 당사자에게 평소 부정적인 감정을 가지고 있었다면, 소문에 본인의 부정적인 감정을 함께 표출하는 상태가 됩니다. 기존 소문에 자신의 감정을 실어서 전달한다면 더 드라마틱한 효과를 만들어낼 수 있다는 점에서, 이러한 심리를 가진 사내 라디오는 일종의 드라마 작가 같은 역할을 한다고도 할 수 있습니다.

소문을 전달하는 과정에서 사람들은 '긴밀한 관계'라는 것을 강조합니다. 모든 사람들이 다 아는 내용은 소문으로서의 가치가 떨어지게 됩니다. 따라서 '우리끼리 아는 소문'으로 한정하면 소문의 가치는 더 높아지게 되고, 그 소문을 전달한 당사자는 '우리'라는 집단 내에 포함되어 대인 관계를 형성하고 유지하는 데 도움이 됩니다. 그렇게 소문을 이용해서 관계적인 부분을 강화하려는 심리도 사내 라디오에게는 포함되어 있습니다.

사내 라디오는 조금 엉뚱하게, 만약 나쁜 소문이 사실로 확인된다면 오히려 조직이 건강해진다고 생각하기도 합니다. 그리고 그 건강한 조직을 위해 본인이 전달하는 소문은 일종의 '내부 폭로자'와 같은 역할을 한다고 생각합니다. 그래서 스스로 영웅 심리를 만들어내기도 합니다.

나아가 소문을 통해 스스로 자아 도취되는 심리를 가지기도 합니다. 사람들에게는 동조화의 심리conformity cascade가 있습니다. 자신을 둘러싼 다수가 소문을 믿는 경우 본인이 그 소문을 믿지 않는다고 하더라도 소문에 침묵하거나 동조하게 되는 경향이 나타나서, 소문에 동조화된 사람들은 눈덩이처럼 불어납니다. 이렇게 눈덩이처럼 불어나는 소문의 동조자들을 보면서, 사내 라디오는 소문의 대상에 비해 자신이 가진 영향력을 떠올리며 자아 도취가 됩니다. 그리고 이를 마치 사내 권력을 보유한 것처럼 활용하기도 합니다.

이 모든 사내 라디오의 심리를 한마디로 표현하면 인정 욕구에 대한 표출이라고 할 수 있습니다. 인정 욕구는 타인에게 인정받고자 하는 사회적 자아의 개념으로, 자기애와 우월 의식, 열등 의식, 완벽 심리가 복합적으로 상호 작용하며 만들어내는 개념입니다. 사내 라디오가 추구하는 것이 바로 주변으로부터 인정받고 싶어 하는 욕구입니다. 결국 소문을 통해 사내 라디오는 자신의 존재감을 부각시키고, 열등 의식과 완벽 심리를 충족시키려고 합니다. 소문을 잘 이용하고, 마치 본인이 로비스트인 것처럼 소문을 가지고 움직입니다. 수많은 소문을 만들어내는 사람들이 결국 스스로 인정받고 싶어서 그런 행동을 한다는 사실이 흥미롭지 않으신가요?

오피스 빌런 사내 라디오와 함께 일하기 위해 우리는 어떻게 해야 할까?

회사 생활 중에 공식적·비공식적인 커뮤니케이션은 다양한 형태로 발생할 수 있으며, 당사자의 의도와 무관하게 왜곡된 정보가 퍼질 수도 있다는 점은 어쩔 수 없는 사실입니다. 사내 라디오와 마주친다면 신중한 대응이 필요한 이유가 바로 여기에 있습니다. 소문을 주도한 사람은 본인임에도 불구하고 추후에 사실이 밝혀진다면 혹은 그 소문으로 인해 어떤 문제가 발생하게 된다면 서로 책임을 회피하고자 할 것이기 때문입니다. 다만 상대방이 사내 라디오인지 유형인지 정확하게 파악하기까지는 어느 정도 시간이 필요하기 때문에 최대한 안정적이고 보수적인 대응 방법을 고민해보고자 합니다.

◎ 일희일비一喜一悲하지 않기

회사, 새로운 인사 제도, 특정 인물 등에 대해서 여러분의 의사와 상관 없이 사내 라디오를 통해 어떠한 정보를 접하게 된다면 그 내용에 따라 당황하게 될 수도 있습니다. 그러나 이는 여러분이 사실 관계를 확인하기 전까지는 정보information가 아닌 잡음noise에 지나지 않으므로 감정적으로 동요할 필요가 전혀 없습니다. 그러한 사실 관계는 내부 리소스(과거 결재 문서, 보고서 등)를 통해서 확인할 수 있거나, 혹은 대다수는 시간이 지나면서 자연스럽게 밝혀지게 마련입니다.

"A 부서장이 우연히 내부 자료를 확인하고는 본인이 사내 표창의 수상자라고 이야기하고 다닌다"는 소문이 있었습니다. 평판이 좋지 않은 리더였기에 이 소문이 퍼져나가자 수상을 기대했던 다른 사람들뿐만 아니라 일반 실무자들도 조직에 대한 서운함과 불만을 토로하기도 했습니다. 그러나, 결과적으로 A 부서장은 포상을 받지 못했으며 후보자도 아니었던 것으로 밝혀졌습니다. 어떻게 된 일일까요?

위의 일화에서 '인사팀에 갔다'는 내용만 사실이며 나머지는 다 근거 없는 소문이었습니다. '다른 용건으로 인사팀에 찾아갔다'는 사실이 '평판도 좋지 않으면서 포상을 기대하는가 보다' → '본인이 포상 검토 자료를 확인했다더라' → '수상자라고 소문을 퍼트렸다더라'라고까지 왜곡된 것입니다. 이는 추후에 포상 검토와 같은 중요한 자료를 보관하는 것에 대한 정보 보안 이슈로까지 확대되어 사실 관계를 파악하는 과정에서 모두 밝혀지게 되었습니다. 만약 여러분이 유력한 포상 후보자 중 한 명이었는데 이런 소문을 듣고 회사에 크게 실망했다면 허탈하지 않았을까요?

소문은 항상 시간이 지나면서 그 가치가 줄어들고, 특히 인사 정보나 사내에서 사람들이 확인할 수 있는 사항과 관련한 소문은 유효 기간이 있습니다. 그래서 시간이 지나면 자연스럽게 인과 관계를 확인하게 됩니다. 그리고 누가 퍼트렸는지에 대해서도 알 수 있게 됩니다. 그 '퍼트린 사람'에 우리가 언급된다면 그 부끄러움 또한 우리가 감당해야 할 몫이 될 수 있습니다.

◎ 절대적 중립 유지

만약 주변의 누군가가 저런 소문을 퍼트리고 있다면 어떻게 대처해야 할까요? 사내 라디오의 기본적인 심리는 상대방의 동조를 구하고 영향력을 행사해서 일종의 성취감을 얻고자 하는 것입니다. 그러나 결정적인 순간에는 여러분에게 책임을 떠넘길 수 있기 때문에 반드시 중립을 유지해야 할 필요가 있습니다. 더 구체적으로는, 특정 사건에 대해 여러분의 의견을 드러내게 된다면 훗날 부메랑이 되어 돌아올 수 있습니다. 만약 'A 부서장이 포상을 받는 것이 불만이다'라는 의사 표현을 하게 된다면, 여러분이 A 부서장과 일을 하게 되었을 때 제2, 제3의 사내 라디오를 통해 어떤 형태로든 불만이 전달되어 곤란해질 수 있습니다. 회사에서 일어나는 현상들에 대해서 누구나 다양한 생각과 감정을 가질 수는 있고 이를 표현하는 것이 잘못된 일은 아니지만, 사내 라디오는 이처럼 자연스러운 사람들의 심리와 행동을 본인이 유리한 방향으로 이용합니다. 그 과정에서 뜻하지 않게 피해를 보는 사람들이 발생할 수 있기에, 우리는 신중할 필요가 있습니다.

◎ 기계적 리액션

소문에 휘둘리지 않는 것만으로도 회사에서 발생하는 다양한 관계의 유형 속에서 여러분을 어느 정도는 지킬 수 있을 것입니다. 그러나 만약 여러분의 상사 혹은 업무상 밀접한 동료가 위와 같은 상황에서 적극적인 동조를 구하는 사내 라디오라면 어떻게 해야 할까요?

단순히 한 귀로 듣고 한 귀로 흘리며 대답을 안 하거나 자리를 피하기에는 곤란한 상황이라면, 상대방의 주장에 공감하거나 적극적인 의견을 표현하기보다는 기계적인 리액션이 최선입니다.

소문이 퍼지는 현장의 중심에 여러분이 들어와 있다고 가정해 봅니다. 사내 라디오는 'A 부서장이 직접 포상 검토 자료를 확인했다더라'라는 이야기를 하며 여러분이 부서장에 대한 부정적인 이야기를 해주기를 바라고 있습니다. 이때 여러분이 할 수 있는 말은 "아 그래요?", "포상 심사는 언제 한대요?", "다른 후보자들은 누가 있대요?" 등과 같이 대화 주제 자체를 벗어나지는 않지만 본질 (부서장에 대한 평판)을 살짝 피하는 질문 몇 마디 정도면 충분할 것입니다. 어쩔 수 없는 상황적 요건으로 인해 소문의 확대 재생산 현장을 벗어날 수 없다고 할 때, 위의 질문들에 대한 답은 사내 라디오들도 정확하게는 알지 못할 것이므로 주의를 분산시킬 수 있을 것입니다.

◎ 히스토리 관리하기

위의 에피소드에서 포상 후보자에 대한 소문이 정보 보안 이슈까지 확대되어 직원들이 조사를 받게 되었고, 여러분이 만약에 감사팀에 불려 갔다고 가정해 봅니다. 사내 라디오를 통해서 왜곡되는 소문들의 영향력과 파급 효과는 현재 시점에서는 섣불리 예상할 수 없기 때문에 더더욱 신중해야 하며, 책임으로부터 자유로워지기 위해서는 히스토리에 대한 관리가 필요합니다.

대화 현장에 있었다는 사실로 인해서 자칫 여러분한테 불이익이 발생할 수 있는 상황이라고 한다면, 위와 같은 대처법은 더욱 빛을 발할 것입니다. 일부 직원들이 이야기를 하는 것은 들었지만, '나는 포상 심사 일정에 대해서 물어보기만 했을 뿐이며 자세히 모른다'고 할 수 있습니다. 대면을 통한 대화는 기록이 남지는 않지만, 만약 메신저로 이야기가 오고 갔다면 더욱 강력한 증거 자료가 될 수 있습니다.

◎ 공식적인 채널 활용

지금까지는 사내 소문이 퍼지는 상황에서 여러분을 지키기 위해 보수적, 소극적으로 대처하는 방법을 중심으로 알아봤습니다. 그러나 만약에 접하게 되는 정보 혹은 잡음이 사내 규정이나 법규에 저촉되고 사회 통념상으로도 큰 문제가 된다고 한다면 상황에 따라 때로는 조금 더 적극적으로 행동해야 할 필요가 있습니다. 이러한 경우에는 직속 부서장, 인사팀, 감사팀 등과 같이 공식적인 채널을 통해 정확한 사실을 전달하는 것이 필요합니다.

만약 사무실에 많은 사람이 자리를 비운 점심 시간에 회의실에서 고성이 오가며 싸우는 소리를 여러분과 일부 직원들이 들었다고 가정해 봅니다. 사내 라디오들은 이에 대해서 온갖 상상력을 발휘하여 확대 해석으로 수습이 어려울 정도의 소문을 만들어내서 당사자들과 여러 사람을 난처하게 할 가능성이 큽니다. 상황이 악화된다면 누군가는 큰 상처를 받고 조직을 이탈하게 될지도 모를 일입니다. 그러나 인사팀에 해당 사실을 전달한다면 사실 관계를 확인하여 잘못을 한 사람이 있다면 적절한 절차를 통해서 상황을 종결할 수도 있습니다.

소문은 시간이 지나면 자연스레 사람들의 기억에서 사라지는 경우도 있지만, 사내 라디오들은 확대와 왜곡에 능하기 때문에 조기에 빠른 대처를 통해 상황을 명확하게 정리함으로써 부작용을 최소화해야 합니다.

07

갈등 조정의
전문가
vs.
모두에게 친절하기만 한
'예스맨'

    회사를 다니기 가장 어렵게 만드는 것은 무엇일까요? 바로 갈등입니다. 여러 사람이 모여있고, 서로 다른 사람들이 하나의 목표를 향해 가는 과정에서는 갈등이 생겨날 수밖에 없습니다. 일에 대한 각기 다른 방식과 태도를 가지고 있기 때문에, 갈등은 회사 생활을 하는 내내 모두에게 풀리지 않는 숙제입니다. 대부분의 갈등은 커뮤니케이션 과정에서 발생합니다. 내가 원하는 것과 상대방이 원하는 것이 다를 때 갈등 상황이 발생할 수 있습니다.

    일상 생활에서의 갈등은 때때로 시간이 지나면서 해결되지만, 회사에서의 갈등은 시간이 지난다고 해서 해결되지 않습니다. 또한 일상 생활에서 '나'와 '상대방'의 갈등은 서로의 삶에 영향을 미치지만, 회사에서의 갈등은 '나'를 둘러싼 모든 일과 관계된 대상자들에게 영향을 미칠 수 있다는 점에서 파급 효과가 더 크게 나타납니다.

그나마 단일한 목표를 가진 한 팀one team의 구성원들이라면 서로 같은 목표를 가지고 있으니 갈등이 생기더라도 '덮고 나아가는' 경향이 있지만, 회사 내의 다른 팀, 혹은 협업을 하는 다른 회사와 갈등이 발생하게 되면 문제가 복잡해집니다. 대의적인 관점에서는 하나의 목표를 가지고 있지만, 각자의 이해 관계가 복합적으로 얽인 실타래 같은 상황에서 갈등에 대처하는 것은 쉽지 않습니다.

그렇다면 우리는 회사에서의 갈등 상황에 어떻게 대처해야 할까요? 여러분은 어떠한 방안으로 대처하는 것이 현명하다고 생각하시나요?

우리 주변에서 '일 잘한다'라는 소리를 듣는 사람들을 떠올려볼까요? 대체로 그들은 '와, 저 일이 과연 잘될 수 있을까?'라고 생각하는 수많은 갈등 상황들을 극복하고, 추진력있게 일을 해나갑니다. 그들의 특징은 갈등을 잘 조정facilitating한다는 것입니다. 반면에 사람은 좋지만 일을 못한다는 사람들의 특징을 떠올려보면 공통적으로 '예스맨'이라는 것을 떠올릴 수 있습니다. 우리는 누구나 갈등 조정 전문가를 꿈꾸지만, 어느새 나도 모르게 남의 시선을 의식하느라 예스맨이 된 것은 아닌지 고민해 볼 필요가 있습니다. 지금의 나는 어떤 유형에 속해 있나요?

우리 주변에서 볼 수 있는 갈등 해결 전문가와 예스맨의 유형

✅ 갈등 해결 전문가 facilitator

갈등을 잘 해결하는 사람들은 현재의 문제 상황에 대해서 명확하게 파악하고 이해합니다. 상대방이 원하는 바(목표)가 무엇인지, 그리고 현재 상황이 어떠한지, 특히 현재 상황에서 어떠한 부분이 상대방에게 불편함을 주었는지, 그리고 문제의 본질이 무엇인지 파악하기 위해 경청하고 질문합니다. 이를 통해 현재 상태와 원하는 상태의 차이를 줄이는 방법을 탐색하고 실행하는 모습을 보입니다.

갈등을 잘 해결하는 사람들은 상대방이 스스로 현재 상황을 명확하게 인식하고 대안을 찾는 데 참여하도록 합니다. 현실의 갈등 상황에서 우리는 갈등 당사자의 관점에서 직접적으로 해결 방법을 제시해보거나 토론을 통해 방안을 제시하는 등 적극적으로 문제 해결에 개입하게 됩니다. 하지만 본질적으로 갈등을 잘 해결하는 사람들은 '코칭형 대화'에 능합니다.

갈등 상황에서 코칭형 대화에 능한 경우는 어떠한 모습일까요? '모두의 선생님'으로 불리는 오은영 박사의 화법을 잘 살펴보면, 상대방의 현재 문제점을 바로 지적하는 것이 아니라 상대방이 스스로 문제점을 발견할 수 있도록 질문하고 문제 상황에 대한 인식으로 끌어들이는 대화를 하고 있다는 것을 알 수 있습니다. 또한 직접적으로 솔루션을 제시하되 그 솔루션이 현재 상태와 원하는 상태의 차이를 줄이기 위한 방법이라는 점을 스스로 납득하도록 이끌어갑니다. 어느새 오은영 박사와 대화하고 있던 당사자는 어떻게 변화할 것인지 변화의 계획을 구체화하는 것에 동참하고 있는 것을 발견하게 됩니다.

우리 주변의 갈등 해결 전문가는 이렇듯 갈등 해결에 상대방이 참여하도록 이끌어내는 '힘'을 가지고 있습니다.

❌ 오피스 빌런: 모두에게 친절하기만 한 예스맨

'저 사람은 참 좋은데, 일은 잘 못하는 것 같아'라는 이야기를 듣는 사람들을 떠올려볼까요? 이런 사람들의 특징은 다른 사람들의 이야기를 잘 들어주고 모두에게 친절한 '예스^{yes}'맨으로 모두에게 좋은 사람이라는 탈을 쓰고 있습니다.

제목부터가 〈예스맨$^{yes\ man}$〉인 영화가 있습니다. 늘 불평불만을 달고 살던 주인공(짐 캐리)은 어느날 친구의 추천으로 '예스맨' 세미나라고 부르는, 긍정적인 태도와 오픈 마인드를 갖추라는 세미나에 참여하면서 모든 일에 '노^{no}'가 아니라 '예스'를 외치기 시작합니다. '예스'의 마법에 빠지듯이 승승장구를 하던 그는 어느날 그 '예스'로 인해 사건에 휘말리게 되고, '예스'가 문제를 해결하는 만능키가 되지 않는다는 것을 깨닫습니다. 중요한 것은 '노^{no}'를 하더라도 긍정적이고 열린 마음으로 상대방을 바라보는 자세라는 것을 알게 됩니다.

현실에서 예스맨은 영화처럼 낭만적이지 않습니다. 긍정적이고 열린 마음을 넘어서서 잘못된 에스로 업무 상황을 오히려 더 꼬이게 하거나, 함께 일하는 사람들을 불편하게 만드는 경우가 많이 발생하기 때문입니다.

예스맨을 다른 부서의, 혹은 다른 회사의 파트너로 만나게 되면 함께 일하는 입장에서는 처음에는 마음이 편합니다. '다 해줄 수 있다'라고 말하는 것과 다름 없으니까요. 전혀 걱정할 것이 없을 것처럼 이야기해주니 마치 구세주라도 만난 기분이 듭니다. 그런 데 시간이 지나면 예스맨이 우리 프로젝트뿐만 아니라 모든 프로 젝트에 '예스'를 하는 바람에 전체적으로 일 처리가 늦어진다는 것을 발견하게 됩니다. 그 상황이 반복되다 보면 비로소 깨닫게 됩니다. 사실상 다 되는 것이 아니라 '될대로 되라'는 상황이 찾아오게 된다는 것을요. 예정된 비즈니스에서의 갈등 상황은 예스맨의 '예스'로 피해갈 수 있는 것이 아니라는 것을 확인하게 됩니다.

예스맨과 같이 일하는 동료 또는 부하 직원의 입장에서 예스 맨을 바라보면 속이 답답해집니다. '대체 저 일을 왜 하고 있는거지?', '무턱대고 일을 받아 오면 어떻게 하지?' 등등 수많은 마음의 소리를 만들어내게 합니다. 그리고 함께 그 뒷감당을 해야 하는 상 황이 오면 화가 납니다. 그럼에도 불구하고 모두가 좋아하는 성격 좋은 동료이기 때문에 불만을 제기하면 '나만 나쁜 사람 되는' 상 황에 놓이게 되는 것이 억울할 지경이지요. 그래서 가급적 예스맨 과 업무적으로 엮이지 않기 위해 최선을 다하게 됩니다.

갈등 해결 전문가와 예스맨,
무엇이 다른가?

———

갈등 해결의 전문가들이 가진 특징을 살펴보면, 그들은 갈등을 피하지 않습니다. 갈등 상황에서 발생하는 문제점이 무엇인지를 파악하고 해결하려고 합니다. 반면 예스맨은 갈등을 회피하는 성향이 있습니다. 갈등 상황 자체가 불편하기 때문에 그 상황을 빠르게 벗어나거나 외면하고 싶어 합니다. 그래서 예스맨은 일단 '예스'라고 이야기하고 눈앞에 닥친 상황을 벗어납니다.

문제는, 비즈니스에서의 갈등 상황은 단순하게 자리를 회피한다고 해서 해결되지 않는다는 것입니다. 일반적인 인간 관계에서의 갈등은 시간이 지나면 해소되는 경우들이 있지만, 비즈니스에서의 갈등은 별도의 해결 방안을 만들거나 대처하지 않는다면 그자리에 그대로 남아 있습니다. 오히려 시간이 지나면서 갈등이 점점 더 커지게 될 수도 있습니다. 현재 회피한 상황이 나중에 더 큰 갈등을 가져올 수도 있다는 것입니다. 그래서 현재의 갈등 상황에서 얼마나 현명하게 대처하느냐가 중요합니다.

예스맨이 갈등을 회피한다면, 갈등 해결 전문가는 갈등을 적극적으로 풀어내려고 합니다. 근본적인 갈등의 원인을 해결해야 그

다음의 발전이 있다고 생각하기 때문에, 갈등을 겪고 있는 당사자들과 함께 논의하면서 이 상황을 어떻게 해결할 것인지에 대해 구체적으로 이야기하고, 빠르게 해결함으로써 갈등 상황을 해소하고자 합니다. 갈등이 빠르게 해결될수록 문제 상황을 빨리 벗어날 수 있기 때문입니다.

갈등 해결 전문가는 갈등 상황과 자기 자신을 분리시켜서 인지합니다. 즉 갈등 상황이 있지만 그 갈등은 '나'의 잘못이 아니라 상황적인 이해 관계로 인해 발생되었다고 인지하고 있기 때문에 갈등 상황이 발생한 것에 대해 좌절하거나 우울감을 느끼지 않습니다. 그러나 예스맨은 갈등에 대처하는 것이 어렵다고 느끼기 때문에 갈등을 회피하고 있으므로, 갈등 상황에 놓인 것 자체로 크게 좌절하고 우울해할 수 있습니다. 갈등 상황이 발생하여 문제가 되면 해당 문제가 '나'의 문제인 것으로 받아들이는 경향이 있다는 것입니다.

그렇다면 예스맨은 왜 그렇게 갈등을 회피하면서 '예스'라고 외치고 있는 것일까요?

예스맨의 심리는 무엇일까?

예스맨에게 항상 사람들이 하는 이야기는 정해져 있습니다. '저 사람은 참 괜찮은데'라는 수식어가 붙는다는 것입니다. 주변의 예스맨을 둘러보아도 근본적으로 남을 무시하거나 함부로 이야기하는 사람들은 거의 없습니다. 대체로 예스맨들은 다른 사람들에게 싫은 소리를 잘 못 하는 경향이 있습니다. 오히려 답답하게 느껴질 정도로 성실한 경우도 많습니다. 정말 '괜찮은' 사람들인 경우가 많다는 것입니다.

예스맨인 사람들은 앞에서 언급된 다른 오피스 빌런처럼 자기의식이 과하다거나, 다른 사람보다 본인이 더 낫다고 생각하는 경우와는 거리가 멉니다. 오히려 예스맨은 다른 사람들보다 자신이 더 '못하다'고 생각합니다. 흔히 이야기하는 자존감이 낮은 경우, 그리고 그 자존감이 낮은 바탕에는 열등감이 포함되어 있는 경우가 많습니다. 예스맨은 다른 사람들에게 호감을 사고 호감을 사는 것이 인정받는 일이라고 생각하기 때문에, '노no'가 아니라 '예스yes'를 통해 인정받고 싶어 합니다.

앞서 '사내 라디오' 챕터에서 이야기한 것처럼, 인정 욕구는 타인에게 인정받고자 하는 사회적 자아의 개념으로, 자기애와 우월

의식, 열등 의식, 완벽 심리가 복합적으로 상호 작용합니다. 예스맨인 사람들의 인정 욕구는 열등 의식에서 발현됩니다. 능동적으로 타인에게 인정받고 싶지만, 자존감이 낮아서 타인에게 예민하게 응하게 되고, 타인의 부탁을 들어주는 것으로 인정받겠다는 수단적인 보상의 심리가 작용하게 되는 것입니다.

심리학자 아들러는 열등감을 기반으로 한 이러한 인정 욕구는 열등감 콤플렉스inferiority complex와 우월감 콤플렉스superiority complex를 만들어낸다고 설명했습니다. 아들러에 따르면, 열등감 콤플렉스란 개인이 대응할 준비가 되지 않고, 적절하게 그 상황에 적응하기 어려운 문제에 봉착했을 때 그 문제를 풀 수 없다는 확신을 가지고 표현하게 되는 것을 의미합니다. 우월감 콤플렉스는 열등감 콤플렉스에 대한 보상으로, 열등감 콤플렉스를 겪는 사람들이 어려움을 회피하는 것입니다.

좀 더 쉽게 이야기하면, 예스맨들은 자존감이 낮아서 열등감을 가지고 있고, 그 상태에서 갈등 상황에 직면하게 된다면 스스로 그 문제를 풀 수 없을거라고 생각하게 된다는 것입니다. 그래서 갈등을 회피하면서 '예스'라고 이야기하고, 다른 사람들에게 '좋은 사람'처럼 보임으로써 우월감을 느끼려고 합니다. 그리고 그 우월감의 감정을 통해 다른 사람에게 '인정받고 있다'는 욕구를 충족하려고 한다는 것입니다.

다시 말해, 예스맨들은 스스로 갈등을 해결할 수 없다는 열등감을 가지고 있기 때문에 갈등을 회피합니다. 낮은 자존감으로 인해 문제에 직면하기보다는 그 상황에서 도망치고, 스스로 도망쳤다는 것에 대한 부끄러운 감정을 보상받기 위해 '다른 사람에게 좋은 사람으로 보였으니 나는 만족한다'라는 착각을 하게 됩니다.

흔히들 이야기하는 자존감이 실제 업무 상황에서 개인의 태도와 문제 해결에 영향을 미치고 있다는 사실, 흥미롭지 않으신가요?

오피스 빌런 예스맨과 함께 일하기 위해 우리는 어떻게 해야할까?

갈등이 아예 없는 회사를 한번 생각해볼까요? 모두가 바라는, 갈등이 없는 회사가 있다면 어떠한 모습일까요? 갈등이 없으니 서로 협상과 조정이 필요하지 않고, 그렇다면 대화보다는 매뉴얼과 시스템으로만 일하는 모습일 것입니다. 동료 간 상호 커뮤니케이션이 필요 없어지고, 모든 의사 결정이 일방적인 시스템에 따라 이루어지기 때문에 갈등이 발생할 수 있는 모든 요소가 차단된 회사

분위기는 어떨까요? 겉으로 보여지는 평화 안에 '불통'의 느낌이 상상되지 않나요?

　예스맨과 같은 조직에서 일하는 것이 힘든 이유는 주변 상황을 고려하지 않은 독단적인 'yes'로 인해 해당 조직 및 동료들의 업무에 부담을 주기 때문입니다. 본인은 갈등이 발생할 수 있는 상황을 순간적으로 모면하거나, 남들로부터 성실하다는 인정을 받을 수 있을지 몰라도 그 수습은 남은 사람들의 몫이 되기 때문이죠. 명확하게 부서 또는 담당자 간 R&R이 나눠져 있는 상황에서도 예스맨이 본인만 아는 선례를 만들어 놓고 조직을 떠나게 되면 더욱 골치가 아파집니다. 후임자가 유사한 요청을 받았을 때 거절을 한다면 '예스맨 님이 있을 때에는 다 해줬는데~'라며 서운한 소리를 듣기 십상입니다.

　그렇다면 이들과 어떻게 원만한 관계를 유지할 수 있을지, 경영진의 지시로 제도 개선 태스크포스TF에 예스맨과 함께 투입된 상황을 가정해 봅니다.

◎ **업무 분장 문서화**

　제도 개선 TF의 업무에 다양한 사람들이 관심을 가지고 있습니다. 각자의 팀에서 계획대로 진행되지 않아 보류중인 과제들을 이번 TF에 함께 녹여낼 수 있을지 호시탐탐 기회를 노리고 있기 때문이죠. 그러나 이번 TF에서 주어진 업무 범위만 하더라도 기한 내에 충분히 할 수 있을지조차 막막한 상황입니다. 이런 상황에서 우리의 빌런이 내부적으로 협의도 없이 다른 팀들의 요청 사항을 모두 응해준다면, 프로젝트의 성공 여부가 불확실해질 수도 있습니다.

따라서 프로젝트 추진 일정과 과업 범위를 고려하여 TF 멤버 간 명확하게 업무 분장을 하고 문서화해야 합니다. 문서화를 하는 목적은 명확하게 업무를 정리하기 위한 것도 있지만, 예스맨이 본인의 담당 업무 범위를 잊지 않도록 상기시켜 주기 위함입니다. 다른 부서와 커뮤니케이션이 필요한 경우 소통 채널은 일원화하고, 예스맨은 되도록이면 유관 부서와 협의가 필요한 업무는 최소한으로 부여하거나, 회의가 있을 때에는 혼자 참여하지 않도록 하는 것이 바람직합니다. 언제 어디서 무슨 요청 사항에 '예스'라고 대답해서 TF 멤버들을 피곤하게 할지 모르기 때문이죠.

◎ 현실적 역할 부여

자, 이렇게 TF 멤버 간 업무 분장의 방향성은 정해졌습니다. 각자 세부적인 역할에 대한 협의가 필요한데 이때에도 신중할 필요가 있습니다. 예스맨이 본인이 감당하기 어려운 역할 또는 업무임에도 대책 없이 수락했다가 계획대로 추진하지 못한다면, 전체 프로젝트 일정에 차질이 발생할 수 있기 때문입니다. 그러므로 구성원 간 역할을 분담할 때에도 예스맨은 현실적으로 가능한 범위에서 우리가 먼저 제안하고 확인하는 과정이 필요합니다.

예를 들어, 특정 인사 제도 관련 업계 동향을 벤치마킹한다고 가정해 봅시다. 여러분이 만약 주요 기업의 담당자들과 네트워크를 보유하고 있는 상황이라면 외부에서 파악하기 힘든 생생한 정보를 얻을 수 있을 것입니다. 만약 우리의 빌런에게 벤치마킹 업무를 부여한다면 흔쾌히 예스라고 대답할 것입니다. 하지만 결과물은 단순히 인터넷 서칭 등을 통해서 확인 가능한 내용들을 나열만한 수준일 가능성이 높습니다. 왜냐하면 벤치마킹을 위해서는 해당 기업의 담당자에게 미팅을 요청해야 하는데 상대방이 거절하는 상황, 혹은 꼭 필요하지만 다소 곤란하게 받아들여질 수도 있는 질문을 하는 상황 등과 같이 필연적으로 발생할 수밖에 없는 갈등 상황을 예스맨은 피하려고 하기 때문입니다.

◎ 전략적 선 긋기

왜 불행한 예감은 틀리지 않는 걸까요? 여러 복잡한 상황들이 맞물려서 예스맨이 흔쾌히 벤치마킹을 담당하게 되었습니다. 다른 팀원들은 걱정이 태산인데 정작 당사자는 근거 없는 자신감과 확신에 가득 찬 모습을 보여주고 있어 가슴이 무언가 답답해져 옵니다.

프로젝트 계획상 벤치마킹이 어느 정도 완료되어야 하는 시점에 우리의 빌런은 조심스럽게 여러분에게 다가와서 도움을 요청합니다. 3개 기업은 도저히 자료를 구할 수가 없었다며 담당자를 직접 컨택해서 자료를 구해줄 수는 없을지 간곡하게 부탁합니다. 만약 여러분이 1개 기업 정도는 도움을 줄 수 있다면 최고의 시나리오일 것입니다. 다만 명확하게 해야 할 점은 모든 책임을 예스맨에게 분명히 인지시켜야 합니다. 벤치마킹이 자신 없었다면 흔쾌히 담당하겠다고 자처하지 말았어야 했으며, 또한 이렇게 급박한 일정으로 부탁을 할 것이 아니라 프로젝트 초기 TF 리더에게 상황을 보고하고 개선 방안을 찾아야 했기 때문입니다.

◎ 비판적 의견 제시

우여곡절 끝에 프로젝트도 어느덧 끝이 보입니다. 벤치마킹도 결국엔 TF 리더의 인적 네트워크를 활용해서 무사히 완료할 수 있었으며, 회사에 도입할 만한 다양한 대안들을 검토한 끝에 크게 3가지 안이 추려졌습니다. 각각의 장단점이 명확하기 때문에 TF 멤버들의 의견을 종합적으로 요약해서 경영진이 합리적인 의사 결정을 할 수 있도록 보고 자료를 정리해야 하는 상황입니다. 새로 도입하고자 하는 제도의 기대 효과, 소요 자원 및 비용, 예상되는 리스크 등과 관련하여 TF 멤버들이 열띤 토론을 펼치고 있습니다. 그러나 우리의 빌런은 기계적인 리액션만 할 뿐 3개의 대안 모두 좋다며, 대안을 검토하는 과정에서도 예스를 남발해서 모두를 맥 빠지게 하고 있습니다.

이런 상황에서는 의도적으로 예스맨의 주장에 비판적인 의견을 던져볼 필요가 있습니다. "A안이 좋다고 하셨는데 그 구체적인 이유는 뭐죠? B안도 동일한 이유로 긍정적인 의견이라면 A와 B의 대안 구분은 의미가 없는 걸까요?" 등과 같이 피상적인 수긍에서 끝나는 것이 아닌, 그 본질을 파고드는 질문이 도움이 될 수 있습니다. 물론 이러한 질문을 하는 사람도, 답을 해야 하는 사람도 쉽지 않은 일이긴 하지만, 이러한 과정에서 파악되는 다양한 의견들을 종합하는 것도 대안을 평가하는 데에 도움이 될 수 있을 것입니다. 그러나 예스맨은 애써 웃음을 지으며 대답을 피하기만 할 뿐입니다.

◎ 평가 피드백 반영

이 정도면 여러분은 충분히 할 만큼 한 것 같습니다. TF 리더와 면담 등을 통해서 예스맨에 대한 피드백을 간접적으로 전달할 수 있겠지만, 다면 평가 제도를 운영중인 조직이라면 적극적인 의견 개진이 필요합니다. 갈등을 피하기만 하는 방식이 조직에서 항상 반드시 유효한 것은 아니라는 점을 평가와 같은 공식적인 경로를 통해 지속적으로 인식시키는 것입니다.

예스맨은 과거의 유사한 업무 경험, 이전 직장에서의 인간 관계 경험 등을 통해 가치관이 형성되고 본인이 최선이라고 판단하는 행동 패턴을 보이는 것으로 이해될 수 있습니다. 과거에 리더 혹은 주변 동료들이 뜻하지 않게 예스맨으로 인해 불편한 상황들을 겪었음에도 '그래도 사람은 착하니까, 성실하니까' 등과 같은 이유로 개선을 위한 피드백을 받지 못했을 수도 있습니다.

앞에서 언급한 업무 분장 문서화, 현실적 역할 부여, 전략적 선 굿기, 비판적 의견 제시 모두 마지막 단계인 평가 피드백 반영을 위한 준비 작업이었습니다. 이를 근거로 구체적인 상황, 예스맨의 일하는 방식, 예스맨으로 인해 발생한 이슈 및 경과 등을 평가 피드백에 반영할 기회가 있다면 구체적으로 설명하시기를 권장합니다. 예스맨은 자존감이 낮아서 타인의 호감을 얻는 것을 중요하게 생각하기 때문에 본인에 대한 부정적인 평가 피드백이 충격으로 다가올 수도 있겠지만, 그만큼 개선의 가능성이 크다고 볼 수 있습니다. 본인이 '예스'라고 대답한 모든 일을 다 직접 해결할 수 있을 만큼 뛰어난 팀장/팀원이 있다면 얼마나 좋을까요? 그러기 위해서는 주변 동료들의 도움이 더욱 필요합니다.

08

솔선수범으로 업무를 진행하는 지휘자
vs.
나 혼자 앞으로 나가는 '내가 제일 잘나가'

여러분은 스포츠를 좋아하시나요? 팀으로 하는 스포츠 경기를 보다 보면 우리가 속해 있는 조직의 운영과도 같다는 생각을 하게 됩니다. 혼자 플레이하는 조직은 없고, 각자가 맡은 역할에 최선을 다할 때 발전하고 빛이 나는 게 조직이니까요.

팀 스포츠 경기에는 스타 플레이어가 존재합니다. 스타 플레이어들은 그 이름만으로도 경기력을 좌우할 정도이고, 팀의 조직력과 스포츠 경기의 승률에 영향을 크게 미칩니다. 그래서 그들은 억대 연봉을 자랑하고, 많은 사람의 스포트라이트를 받습니다.

스포츠 경기처럼 조직에도 스타 플레이어들이 있습니다. 조직에서의 스타 플레이어들은 '핵심 인재'라는 소리를 듣습니다. 그들은 회사에서의 성과로 뛰어난 두각을 나타냅니다. 회사에서는 절대 놓칠 수 없는 인재입니다. 이들을 위해 회사는 핵심 인재를 위한 별도 보상 프로그램을 만들기도 하고, 이들이 회사를 이탈하지 않도록 하기 위한 방안을 늘 고민합니다. 만약 그들이 이적하면 회사가 휘청이는 결과를 낳을 수 있으니까요.

조직에서의 스타 플레이어는 그래서, 꼭 붙잡아야 할 존재이기도 하지만 한편으로 우려의 대상이 되기도 합니다. 스타 플레이어가 협업도 잘하고, 조직에서 리더십을 발휘하면 더할 나위 없이 좋겠지만 세상에 완벽한 사람이 어디 있겠습니까? 동료들과 완벽한 하모니로 조직을 빛내는 지휘자가 있다면, '나 혼자 잘나가는' 원톱 플레이어를 지향하는 사람들도 있습니다. 심한 경우 이런 유형의 사람들은 본인 이외의 다른 사람들이 무능하다고 생각하고, 본인이 조직을 먹여 살리는 유일한 사람이라고 생각하기도 합니다. 우리는 이런 원톱 플레이어들을 나 홀로 잘난 '내가 제일 잘나가'의 유형이라고 부르기로 했습니다.

우리 주변에서 볼 수 있는 지휘자와
나 홀로 잘난 '내가 제일 잘나가'의 유형

✅ 솔선수범형 지휘자

축구의 유명한 스타 플레이어이자 모두의 찬사를 받는 선수들이 있습니다. 카타르 월드컵을 우승으로 이끌었던 아르헨티나의 메시가 바로 그러한 선수입니다.

메시는 카타르 월드컵에서 승리를 이끌기 전까지 스타 플레이어였지만 네 번의 월드컵을 포함한 아홉 번의 메이저 경기에서 국가 대표로 우승한 적은 한 번도 없었다는 아쉬움이 있었습니다. 심지어 한번은 본인이 승부차기에서 실축을 하면서 팀이 패배했고 국가 대표팀 은퇴를 선언한 적도 있습니다. 그렇지만 다시 돌아와서 카타르 월드컵의 승리를 이끌고 최다 득점, 최다 도움으로 최고의 선수^{MVP}에 선정되었습니다.

메시는 자만하거나 스타 플레이어로서의 스타성에 의존하지 않고, '원 팀'을 강조했습니다. 메시는 우승 인터뷰에서 "우리는 목표가 있고, 우승은 우리 손에 달려있다"며 비전을 언급하고,

"모두에게 고맙다, 우리 팀에는 최고의 선수들이 있다"며 팀원들에게 고마움을 표시했습니다. 그리고 목표를 달성하기 위해 최선을 다했습니다. 월드컵 기간 동안 모든 경기에 풀타임으로 출전했고, 훈련 일정에서도 휴무를 반납하고 노력했다는 이야기도 유명합니다.

팀의 주장이었던 메시를 보면서 아르헨티나의 감독과 선수들은 메시와 함께할 때 용기와 자신감을 가지게 된다며 그에 대한 지지를 보냈습니다. 같은 동료 선수는 "메시가 솔선수범해서 도전과 격려를 북돋웠고, 우리 모두 우승이라는 꿈을 꿀 수 있도록 노력했다"고 인터뷰했으며, 감독은 "메시는 내가 한 번도 보지 못한 것들을 선수들에게 전염시킨다. 축구 선수로서뿐만 아니라 인간적으로도 그렇고, 감탄스럽다"라며 그를 극찬하기도 했습니다.

주변에서 메시처럼 조직의 스타 플레이어면서 주변 사람들을 독려하며 원팀으로 이끌어 나가는 솔선수범형 리더나 동료들을 만나본 적이 있나요? 그런 리더나 동료들을 만났다면 '최고의 복지는 동료다'를 체감할 수 있는 기회를 가진 행운을 잡은 겁니다. 아직 그런 동료와 리더를 못 만나보았다면, 이 글을 읽으시는 여러분이 그런 최고의 동료가 되어보는 건 어떨까요?

❌ 오피스 빌런: 나 홀로 잘난 '내가 제일 잘나가'

메시와 항상 비교되는 스타 플레이어가 있습니다. 바로 호날두입니다. 호날두 역시 최고의 선수였습니다. 세계 최고의 축구 선수에게 주어지는 발롱도르 시상식에서도 메시와 호날두는 최고의 기록을 가지고 있는 선수입니다. 그런 호날두가 최근에는 메시와 비교하여 리더십 실패의 아이콘이 되어가고 있습니다. 왜 그렇게 된 걸까요?

과거 호날두는 포르투갈의 유로2016 우승을 이끈 경험도 있습니다. 호날두의 전성기였고, 가장 호날두가 빛났던 시기였죠. 그런데 메시가 활약한 카타르 월드컵에서 호날두의 리더십은 계속해서 문제가 되었습니다. 정확하게는, 호날두가 포르투갈 대표팀에 합류하기 전 몸담았던 소속 팀의 주전 선수 경쟁에서 밀렸다는 이유로 경기 출전을 거부하고 조기 퇴근을 하는 등 문제를 일으키면서 사람들은 호날두를 불편해했습니다. 스타 플레이어라고 하더라도 본인의 성과에 따라 주전이 결정될 수 있다는 사실을 받아들이기보다, 본인에게 팀이 맞추어 주지 않는다는 것에 지속적으로 분노를 표출했기 때문입니다. 언론과의 인터뷰에서도 호날두는 소속팀이 자신을 존중하지 않았다며 인터뷰를 하고 소속팀과 갈등을 빚

었습니다. 이는 결국, 카타르 월드컵 기간 동안 호날두가 유럽 리그에서 방출되는 결과로 이어졌습니다. 호날두의 소속 팀 코치는 "호날두 스스로 동료들에 대한 기준이 엄격한 반면, 자기의 고집이 세지면서 동료들의 호응을 얻지 못해 좌절했다"라고 인터뷰하며 그가 스타 플레이어지만 소속 팀에서 동료들과 함께하는 데는 문제가 있었다는 점을 밝히기도 했습니다.

여러 가지 호날두를 둘러싼 문제들로 인해 호날두가 이끌던 포르투갈 대표팀은 카타르 월드컵에서 8강 탈락이라는 충격적인 결과를 받게 됩니다. 같은 국가 대표팀의 선수들이 호날두를 불편해하는 장면이 여러 번 목격되기도 했습니다. 여러 악재들로 인해 8강 경기에 호날두는 출전조차 못 하고 벤치를 지키고 있었습니다. 충격적인 결과에 호날두가 눈물을 흘리는 동안, 그를 위로한 동료나 코치진은 아무도 없었습니다.

우리가 이야기하는 '나 홀로 잘난 내가 제일 잘나가'의 유형은 이와 같이 조직의 스타 플레이어, 즉 핵심 인재로 불리울 정도의 인력임에도 개인만 혼자 잘나가는 것에 관심이 있고, 같은 팀인 동료로서 함께 성과를 만들어가는 것에는 부족한 사람들입니다. 잘난 본인의 입장에서, 함께 일하는 동료들의 부족함은 본인이 성과를 내는 데 저해되는 요소라고 생각하며, 팀으로서 함께 협업하고 시너지를 내는 것보다 본인의 개인기로 자신이 주목받으며 문제를 해결하는 것을 원하는 사람들이기도 합니다. 즉 스타 플레이어인 본인을 팀이 온전히 서포트하며 자신을 돕기를 바라는 유형입니다. 혹시, 사무실에서 흔히 보지만 결코 친해지고 싶지 않은 그 누군가가 떠오르지 않나요?

솔선수범형 지휘자와 나 혼자 잘나가는 '내가 제일 잘나가', 무엇이 다른가?

솔선수범형 지휘자와 내가 제일 잘나가의 유형에 해당하는 사람의 가장 큰 차이점은 자기 인식self-awareness의 유무입니다. 조직에서 혼자 성과를 만들어내는 것은 쉽지 않습니다. 조직력이라는 것이 발휘되어 성과를 만들어내기 위해서는 다른 누군가의 서포트와 각자의 역할이 최선의 빛을 발할 수 있어야 합니다. 혼자 잘 나가는 것에 익숙한 사람이라면, 조직에서 일하기보다는 프리랜서나 개인 사업을 통해 성장하는 것이 적합할 수 있습니다. 조직에서 함께 일하는 사람들이라면, 나 혼자 잘나서 문제를 해결하고 성과를 내는 것이 아니라는 점을 깨닫고 명확하게 자기 인식을 할 수 있어야 합니다. 언제든지 나도 틀릴 수 있고, 잘못될 수 있으며 그 부분을 함께 보완해서 앞으로 나아가는 건 같은 팀의 동료들이기 때문에 나도 저 사람의 이야기를 듣고, 개선하며, 누군가를 도울 수 있는 오픈 마인드를 갖출 수 있어야 합니다.

솔선수범형 지휘자는 자신이 모든 것을 다 잘하는 완벽한 사람이 될 수 없다는 것을 알고, 동료들과의 신뢰 관계를 형성하며 함께 성공할 수 있는 방법을 찾아 돕습니다. 하나의 팀one team으로 함께 성공할 수 있도록 조직 내에서 함께 하는 방법을 터득하고, 다른 사람들의 이야기를 듣고 더 나은 방향을 고민합니다. 그리고 문제를 해결하는 데 솔선수범하고 다른 사람들과 함께 만들어가는 성공의 목표를 제시합니다. 함께 격려하며 동료들과 목표를 향해 나아가고, 그 과정에서 동료들의 노력에 대해 지지하고 감사를 표현합니다.

반면에 나 혼자 잘나가는 '내가 제일 잘나가'는 동료들에게 관심이 없습니다. 내가 가는 것이 곧 길이고, 내가 내는 것이 성과라는 확신을 가지고 있기 때문에 동료들이 알아서 자신을 따라주기를 바랍니다. 이 조직에서 가장 큰 기여를 하는 사람이 자기 자신이라고 생각하기 때문에, 다른 사람들의 조언이나 피드백은 귀 기울여 듣지 않습니다. 나에 대한 비난을 할 자격이 그들에게 없다고 생각하고, 내가 만들어가는 성과에 호의적으로 참여하지 않는 동료들은 무능하거나 의지가 없다고 생각해서 공격하게 됩니다. 내가 없으면 이 조직은 언제 망해도 이상하지 않다고 생각하기 때문에, 이 조직에서는 나를 중심으로 대우해주고 조직의 운영 방향에 내 의사가 반영되어야 한다고 주장합니다. 사실상 마치 조직의 주인인 것처럼 본인의 능력을 과시하며 다른 동료들을 무시하는 '나홀로 잘난' 이 유형의 사람들은 동료로 만나고 싶지 않은 사람들이라고 할 수 있습니다.

'내가 제일 잘 나가'의 심리는 무엇일까?

심리학적으로 사람들이 빠지기 쉬운 착각에 대한 여러 가지 이론들이 있습니다. 그중 하나가 자기 고양적 편향self enhancement bias 입니다. 자기 고양적 편향이란, 자신을 바라보는 스스로의 관점이 지나치게 긍정적인 나머지 자신이 다른 사람들보다 뛰어나다는 착각입니다. 자신의 지식과 판단력을 스스로 남들과 비교했을 때 다른 사람들보다 더 낫다, 우월하다고 생각하고 독단적으로 행동하는 경우 심리학에서는 자기 고양적 편향에 휩싸여 있다고 이야기합니다. 자기 고양적 편향에 빠진 사람들은 스스로를 평균 이상이라고 생각하기 때문에 평균 이상 효과_{better than average effect}에 빠져 있다고 언급되기도 합니다.

흥미로운 건, 자기 고양적 편향을 가지고 있는 사람들은 실제로 능력이 있고 과거의 성공 경험을 가진 사람들이 많다는 것입니다. 성공 경험을 여러 번 거듭한 사람들일수록 본인이 일반 사람들과 다른 '우월한' 존재이기 때문이라고 생각하는 경향이 있습니다. 그리고 이러한 착각에 빠진 사람들은 우월감으로 인해 독단적인 태도를 가지고 자신이 원하는 방향으로만 나아갑니다. 우월한 본인이 이끌어가는 게 곧 답이라고 생각하기 때문에 다른 동료들의 말은 듣지 않거나 수용하는 척하고, 결국 본인이 원하는 대로 휘두르려고 합니다. '경험도 더 적고, 나보다 더 모르는 당신이 뭘 알겠느냐'라고 속으로 생각하면서 말이지요.

자기 고양적 편향 외에도, 성공 경험을 가진 사람들이 빠질 수 있는 편향에는 확증 편향 confirmation bias과 비현실적 낙관주의 unrealistic optimism도 있습니다. 확증 편향은 자기 스스로 가지고 있는 신념과 생각에 유리한 정보들은 중요하게 여기는 반면, 그에 반하는 정보들은 무시하거나 축소하여 왜곡하는 경향을 의미합니다. 본인이 옳다고 생각하는 경향에 맞는 내용들만 지속적으로 강화하는 경우 '거봐, 내 말이 다 맞잖아!' 하면서 더욱 더 본인의 의견에 집중하는 경향이 있습니다.

비현실적 낙관주의는 '내가 하는 일은 다 잘돼'라는 심리로 나쁜 일이 발생할 수 있다는 생각은 축소하고, 본인이 원하는 방향대로 다 흘러갈 것이라고 지나치게 낙관하면서 주변의 우려는 무시하는 경향입니다. 세 가지 편향 모두 객관적인 자기 인식self-awareness이 떨어지고, 나르시즘narcissism적인 자기애를 보입니다. 그 사람은 스스로의 성공 경험을 기반으로 자기애가 더 커졌을 것이고, 그 성공 경험의 귀인을 본인 스스로에게만 귀속시키면서 자기 고양적 편향과 확증 편향, 비현실적 낙관주의를 복합적으로 나타낼 가능성이 높습니다. 즉 본인이 원하는 방향이 이루어질 것이라는 강한 신념 아래 향후 진행되는 프로젝트의 성공 귀인도 자기 자신이라는 스스로의 우월감과 확신에 빠져 있는 것이지요.

이런 사람들은 다른 사람들의 우려 섞인 피드백은 자기 자신을 공격한다고 생각합니다. 자신의 신념이 곧 자기 자신이라고 여기는 사람들이기 때문입니다. 그래서 다른 이들의 피드백을 전혀 듣지 않고, 폭주하는 기관차처럼 앞으로 나아가는 것입니다.

최근 많은 연구들에서는 지적 겸손Intellectual Humility이라는 개념이 등장하고 있습니다. 지적 겸손이란, 스스로 완벽하게 알고 있는 것이 아니기 때문에 언제든지 내 생각이 틀릴 수 있다는 것을 알고, 본인의 생각이 틀렸다고 생각할 경우 의견을 수정하는 사람을 의미합니다. 즉 지적으로 겸손한 사람은 다른 사람의 관점을 존중하고 들어보려고 합니다. 그리고 상대방의 의견이 타당하다면 내 의견을 수정할 줄 압니다. 그래서 스스로의 지식을 과신하지 않고 늘 새로운 지식을 받아들이려는 개방적인 태도를 갖습니다. '내가 제일 잘나가'의 유형에 해당하는 사람들은 지적 겸손과는 거리가 멉니다. 늘 내가 알고 있는 게 가장 최선이고, 내가 만드는 것들은 모두 성과라고 생각하기 때문입니다. 지적 겸손이 없고, 나르시즘에 빠져있는 '내가 제일 잘나가' 유형의 동료, 내 주변에 떠오르는 누군가가 있지 않으신가요?

오피스 빌런 내가 제일 잘나가와 함께 일하기 위해 우리는 어떻게 해야 할까?

본인의 지식이나 경험에 근거해서 협업이 필요한 경우에도 자기 중심적인 성향을 보이는 것이 내가 제일 잘나가 유형의 특성입니다. 그러므로 업무를 진행하는 방식이나 절차 등과 관련해서 의견 충돌이 발생하는 경우가 가장 흔할 것입니다.

그러한 갈등이 발생하는 근본적인 원인은 빌런이 지향하는 업무 진행 방식 혹은 업무 결과에 따라서 여러분이 하고자 하는 일을 자칫 그르칠 수 있기 때문입니다. 즉 빌런이 독단적으로 일을 하다가 뜻하지 않은 결과가 발생한 경우, 그 파급 효과가 주변에도 부정적인 영향을 미칠 수 있기 때문이죠. 따라서 〈그림 8〉과 같이 조직 내에서 위계와 파급도를 두 축으로 살펴보면, 상대방이 직위가 높고 업무의 파급도가 높은 경우(A), 직위가 동등하지만 파급도가 높은 경우(B), 직위가 동등하지만 파급도가 낮은 경우(C), 직위가 높지만 파급도가 낮은 경우(D) 유형 정도로 구분할 수 있습니다.

◎ 직위와 업무의 파급도가 모두 높은 경우 = A

리더의 지시로 상사와 함께 프로젝트를 진행하는 상황을 가정해 보겠습니다. 프로젝트의 방향성과 관련하여 상사가 본인의 과거 유사한 경험을 근거로 고집을 부리지만, 아무리 생각해 봐도 현재는 적합하지 않아 보입니다. 결과가 잘못되면 여러분의 평가에도 부정적인 영향을 미칠 수 있기 때문에 걱정이 됩니다. 이러한 상황에서 만약 결과가 잘못되더라도 온전히 상대방에게 책임을 지

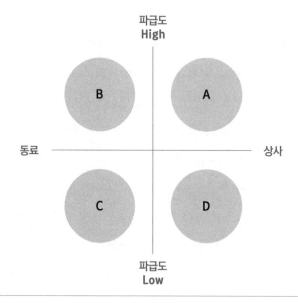

| 그림 8 | **'내가 제일 잘나가' 유형 사분면**

우기 위해 필요한 전략은 '적극적 순응'입니다.

적극적 순응은 여러분이 '상사가 지시하는 대로 최선을 다하고 있다'는 모습을 주변 사람들에게 적극적으로 인지시키는 것입니다. 일반적으로 상당수의 조직에서는 직위와 무관하게 주도적으로 업무를 수행하는 직원을 기대하고 있고 실제로 핵심 인재로 인정받기도 합니다. 수용성이 높은 직원들로 구성되어 있고 합리적인 조직 문화가 형성된 회사라면 중요한 의사 결정에 개인의 의견을 충실히 반영해줄 수도 있을 것입니다.

그러나 본인이 정답이라는 강한 신념을 가진 우리의 빌런은 여러분이 아무리 건설적이고 논리적인 주장을 하더라도 본인의 권위에 대한 도전이자 공격으로 받아들일 가능성이 큽니다. 이러한 상황에서 여러분이 적극적으로 의견을 개진하고 업무를 주도하기에는 리스크가 있습니다.

상사와 함께 일을 진행하는 경우에는 상사의 지시 사항만 온전히 이행하더라도 충분한 역할을 한 것으로 인정받을 수 있습니다. 따라서 불필요한 에너지 소모를 최소화하기 위한 전략이 필요합니다.

다른 사람들에게 진행 중인 프로젝트가 언급되는 경우, 여러분은 스스로의 의견은 최대한 배제하고 상사가 지시한 업무 자체가 무엇이며 어떤 일을 하고 있는지 주변 사람들에게 충분히 인지시킬 필요가 있습니다. 업무 지시가 잘못된 경우 훌륭한 차상위 리더(본부장/실장)라면 적극적으로 개입해서 상황을 개선시키고자 할 것입니다. 아무리 상사가 빌런이라고 하더라도 본인보다 경험이 많고 평가 권한까지 쥐고 있는 리더의 의견은 어떻게든 수용할 수밖에 없을 테니까요. 또한 동료들도 그 자리에서는 의견을 드러내지는 않더라도 마음속으로는 여러분을 응원하고 있을지도 모릅니다.

빌런의 주장이나 업무 지시 자체에 대한 가치 판단은 차치하고, 이러한 모습을 보여주는 것만으로도 여러분은 최선을 다하는 직원으로 인정받을 수 있게 됩니다. 만약 프로젝트가 뜻대로 진행되지 않았다고 하더라도, 여러분은 열심히 했는데 안타깝게 되었다며 오히려 주변으로부터 동정표를 얻게 될 수도 있습니다. 빌런과 협업해야 하는 쉽지 않은 상황에서 이 정도만 해도 충분히 훌륭한 성과입니다.

◎ 직위가 동등하지만 파급도가 높은 경우 = B

A 상황에서는 상하 관계에 따라 책임 소재를 명확하게 구분할 수 있었기 때문에 '상사가 시키는 대로 열심히 했다'는 것을 주변에 인지시키는 것이 핵심이었습니다. 그러나 말귀가 통하지 않는 동료와 같이 업무를 해야 한다면 여러모로 골치 아픈 상황이 아닐 수 없을 것입니다. 본인의 말이 다 맞다고 주장해서 일을 진행했지만, 결과가 잘못되었을 경우 책임을 여러분이 함께 떠안게 될 수도 있기에 이러한 상황에서 필요한 전략은 '선 긋기'입니다.

기본적인 방향성은 A 상황과 유사합니다. 하지만 가장 큰 차이는 상사의 지시 사항이 아닌 프로젝트에서 '내가 담당하고 있는 업무'가 무엇인지를 주변에 인지시키고 중요한 결정은 상사(리더)의 권위에 기대야 한다는 것입니다.

전형적인 프로젝트의 단위 과업을 예시로 들자면 '외부 환경 분석 – 내부 환경 분석 – 방향성 설정 – 대안 수립 및 평가 – 대안 확정 및 실행 계획 수립'으로 일을 진행하는 상황을 가정해 봅니다. 각각의 과업이 유기적으로 연계가 되어 있으나 여러분은 빌런과 충돌할 수 있는 접점을 최소화해야 합니다. 예를 들어, 환경 분석은 함께 진행하지 않는 범위에서 빌런은 외부 환경 분석, 여러분은 내부 환경 분석을 담당하는 것도 방법일 수 있습니다. 그리고, 진행 상황에 대해서는 리더와 주변 동료들에게 지속적으로 인지를 시키되, 이러한 분석 결과가 종합되어야 하는 방향성 설정에 대해서는 몇 가지 안을 가지고 리더에게 의사 결정을 받아야 합니다. 만약 빌런이 여러분이 담당하고 있는 내부 환경 분석의 세부적인 영역에 대해 개입과 지적을 하더라도 전혀 걱정할 필요가 없습니다. 왜냐하면 여러분은 이미 분석 영역에 대해서 리더와 별도로 논의하고 확정했기 때문입니다.

일반적으로 위와 같은 상황에서 가장 지치고 힘든 것은 빌런과 소모적인 논쟁으로 인해서 일이 제대로 진행이 안 되는데 진척 상황에 대해 리더의 압박이 가해지는 경우일 것입니다. 그렇기 때문에 더더욱 '선 긋기' 전략을 적절하게 활용해서 빌런과 여러분을 최대한 분리하고 중요한 사안에 대해서는 리더와 수시로 공유해야 합니다. 그 정도가 지나치면 리더십이 부족한 것이 아니냐는 평가를 받는 것은 아닐지 우려하실 수도 있습니다. 그러나 '일을 맡겼는데 진행이 안 되고 결과물도 없다'는 부정적인 평가보다는 리더십이 부족하다는 평가가 차라리 낫습니다. 리더가 여러분에 기대하는 리더십은 빌런이 아닌 정상적인 동료와 일을 하면서 보여줄 수 있는 기회가 앞으로도 훨씬 많습니다.

◎ 직위는 동등하지만 파급도가 낮은 경우 = C

동료가 본인의 편협한 판단으로 일을 진행하지만, 그러한 결과가 여러분이 하는 일에 직접적인 영향을 미치지는 않는 상황입니다. 예를 들어, 부서 내에서 업무의 유형은 담당자가 지정되어 독립적으로 진행되는 업무, 또는 일정 프로세스를 구성해서 협업이 필요한 업무로 구분된다고 할 때 전자의 케이스를 의미합니다. 본인의 과거 성공 경험에 집착하며 잘못된 방식으로 일을 진행하는 모습을 지켜보는 여러분은 마음이 불편할 수 있겠지만 위의 두 상황과 비교하면 대처 방안은 명확합니다. 바로 '문서화 기반 방임'

입니다.

여러분이 담당하던 업무를 동료에게 인수인계해 주는 상황을 가정해 봅니다. 리더는 이슈가 없도록 잘 알려주고 진행하라고 하지만, 우리의 빌런은 본인이 과거에 비슷한 업무를 경험해봤다며 도저히 말을 듣질 않습니다. 만약 이슈가 생기면 직접적인 책임은 빌런에게 있지만 여러분도 전임자로서 온전히 자유롭지는 않은 상황입니다. 그렇기 때문에 더욱 문서화가 필요하다고 할 수 있습니다.

'문서화'라는 형태를 예시로 들긴 했지만, 리더 또는 주변인들에게 여러분은 충분한 역할을 했다는 것을 인지시킬 수 있다면 어떠한 형태라도 괜찮습니다. 각종 서식을 첨부해서 만든 방대한 인수인계서를 1차로 리더에게 컨펌받고 빌런에게 전해주는 것으로도 의미가 있습니다. 추가적으로는 인수인계를 위해서 업무 시간 중에 리더의 허락을 받고 회의실을 예약해서 빌런에게 설명해 주는 방법도 있습니다. 빌런이 얼마나 그 내용을 이해하고 수용하는지는 크게 신경을 안 써도 괜찮습니다. 이미 여러분은 전임자로서 충분히 할 만큼 했다는 것을 리더도 알고 있기 때문입니다. 혹시 추후에 이슈가 생기더라도 인수인계서도 상세히 작성하고 회의실까지 예약해서 설명을 해준 전임자를 탓할 사람은 거의 없을 것입니다.

◎ 직위가 높지만 파급도가 낮은 경우 = D

파급도가 낮기 때문에 위의 상황과 유사하지만 상대방이 상사라는 점에서 조금 피곤하긴 합니다. 우리의 빌런은 확신을 가지고 본인 판단으로 일을 진행하고자 하는 의지가 충만하지만, 마음 한켠으로는 혹여나 문제가 생겼을 때 책임을 분담해줄 누군가를 원할지도 모릅니다. 특히 연차가 본인보다 낮은 직원이라면 편하게 일을 시킬 수 있으리라 생각하기 때문에 여러분이 취해야 할 전략은 '적극적 선 긋기'입니다.

빌런이 어떠한 업무를 혼자 담당하게 된 상황을 가정해 봅니다. 과거에 비슷한 업무를 경험해 보지는 못했지만 누군가가 하는 모습을 보고 쉽게 생각했으나 막상 직접 하려고 하니 귀찮기도 합니다. 여러분에게 손을 빌리려고, 혹은 문제가 생겼을 때 책임을 일부라도 회피하려고 다가올 수도 있겠지만, 리더의 업무 지시나 특별한 사유가 있는 것이 아니라면 굳이 개입하지 않는 것이 좋습니다. 빌런이 본인이 담당하고 있는 업무와 관련해서 요청을 하더라도 여러분은 기존에 담당하고 있는 업무만으로도 충분히 바쁘기 때문에 최대한 피하거나 미루는 것이 필요합니다.

만약 피치못할 사정으로 함께 해야 한다면 리더를 통해서 업무를 재분장하고 공식적인 지시 이후에 진행하는 과정이 반드시 필요합니다. 업무 재분장까지는 아니더라도 최소한 리더가 빌런의 요청 사항이 무엇인지 명확하게 인지할 수 있도록 하고, 업무 관련 자료를 보내더라도 메신저나 개별적으로 전달하기보다는 리더 및 유관 담당자를 이메일 참조에 포함하는 방안 등을 고민해야 합니다. 그렇게 해야만 현재의 상황을 앞서 제시된 직위와 업무의 파급도가 모두 높은 경우(A)로 전환시키고, '적극적 순응' 전략을 활용할 수 있기 때문입니다.

Chapter 3

오피스 빌런으로 지금 고통받고 있다면 어떻게 해야 하나?

지금까지 여러 유형의 오피스 빌런과, 그들과 관계를 개선하거나 그들을 대하는 방법에 대해 함께 고민해 보았습니다. 하지만 그들을 오랜 시간 직장에서 마주하고 있는 것은 쉬운 일이 아닙니다. 게다가 머릿속으로는 '그래, 이해하자'라는 생각이 떠오르더라도 감정적으로는 계속해서 화가 나고, 스트레스를 받는 상황이 지속될 수밖에 없다면 좋지 않은 시그널입니다. 반복된 상황은 우리를 번아웃으로 이끌기도 하고, 때로는 회사에서의 심리적 어려움으로 인한 공황장애나 우울증, 불안증으로 이끌기도 합니다.

지금 오피스 빌런을 만나서 어려운 상황을 겪고 있다면, 우선 빌런과의 관계가 앞서 논의했던 여러 대처 방법으로 해결 가능한지를 고민해 보기를 바랍니다. 태도를 바꾸는 것만으로 빌런은 당황할 수 있고, 오히려 조심하게 될 수도 있습니다. 더 긍정적이라면 스스로를 반성하게 될 수도 있습니다. 그래서 어렵지만 용기를 내서 빌런을 대하는 태도를 스스로 바꾸어 보는 것을 꼭 실천해 보기 바랍니다.

그리고 오피스 빌런으로 인해 고통받는다는 사실을 너무 자주, 많은 주변 회사 사람들에게 알리는 것은 추천하지 않습니다. 물론 당신이 빌런이라고 느낄 즈음이라면 이미 회사에서는 많은 사람이 그 사람을 빌런으로 인식하고 있을 가능성이 높습니다. (우리에

겐 곳곳에 사내 라디오가 있다는 사실을 잊지 마세요.) 하지만 반복된 하소연 또는 반복된 불만의 목소리는 사람들에게 피로감을 안겨줄 수 있습니다. 심지어 그 하소연이 또다른 소문이 되어 돌고 돌아서 당신에게 돌아올 수도 있습니다. 따라서 반복적으로 사내의 주변 사람들에게 오피스 빌런을 언급하는 것은 좋지 않습니다.

구체적인 어려움의 상황과 그 상황의 반복 빈도, 그로 인해 받는 스트레스 등에 대해 명확하게 기록할 수 있다면 관련 내용을 근거로 팀장이나 인사팀과의 면담을 신청해 보는 것도 방법일 수 있습니다. 부서를 이동하거나 이직을 하는 등 업무의 환경과 상황을 아예 바꾸어서 빌런과의 접촉을 줄이는 것도 방법입니다. 비록 옮긴 곳에 또다른 빌런이 있을지언정 현재의 상황을 벗어나는 것만으로도 일시적으로 '관계'에서 오는 스트레스는 감소할 수 있습니다.

'배달의 민족'에서 일하는 방식으로 삼았다는 '따르거나, 이끌거나, 떠나거나'라는 유명한 말이 있습니다. 회사에서 따르기 어려운 상황이라면 변화를 스스로 끌어내거나 회사를 떠나야 한다는 것은 거의 사실에 가깝습니다. 하지만 그 변화를 만들 용기, 회사를 떠나는 용기를 내지 못한다면 상황 자체가 바뀌는 것은 크게 기대하기 어렵습니다. 먼저 빌런을 대하는 태도를 바꾸어보고, 그럼에도 불구하고 계속해서 상황이 반복된다면 상황을 바꿀 수 있도록 면담을 신청하거나, 이직을 선택하는 용기를 내 보아야 합니다. 빌런은 참는다고 사라지지 않습니다. 빌런을 참는 사이에 마음의 병만 깊어질 수 있습니다.

오피스 빌런은 누구나 될 수 있다. 혹시 나도?

'엠브레인'이라는 리서치 기관에서 발표한 2023년 트렌드 모니터 자료에 따르면, 한국의 직장인 1,000명을 대상으로 한 설문 조사 결과 47%가 '나도 언젠가 꼰대가 될 것 같다'고 생각하고 있으며, 44.8%가 '나도 꼰대가 될까 봐 두렵다'고 응답한 결과가 나타났다고 합니다. 자연스럽게 직장 생활을 하면서 시니어가 되는 상황에서 '꼰대'가 될까 봐 많은 사람이 잠정적으로 걱정한다는 조사 결과는 매우 흥미로운 시사점을 보여줍니다. 흔히 이야기하는, 조직 내에 빌런은 반드시 있으며, 만약 빌런이 없다면 당신이 빌런일 수 있다는 농담이 실제 사람들의 마음에 있다는 것이 데이터로 나타난 것이니까요.

누구나 꼰대가 될까 봐 두려워한다는 것은, 누구나 직장에서 타인에게 나쁜 사람으로 보일까 봐 걱정하는 마음을 가진다고 해석할 수 있습니다. 우리는 모두 좋은 사람으로 기억되고 싶어 하지 누군가에게 나쁜 사람으로 기억되고 싶지 않아 합니다. 그렇지만 회사에서 발생하는 여러 가지 상황들은 어쩔수 없이 불편한 관계를 만들어냅니다. 불편한 상황에서 사람들은 본인도 오피스 빌런에게 상처받지만, 스스로 다른 누군가에게 오피스 빌런처럼 비칠까 봐 그 또한 두려워합니다. 앞에서 수없이 이야기한 것처럼, 사실 빌런들의 심리는 특정한 심리적 요인이 과도하게 발휘되어서 나오는 것이지 처음부터 나쁜 의도를 가져서 빌런이 되는 경우는 없습니다. 또 지금 빌런이라고 해서 앞으로 쭉 빌런이라는 법도 없고, 때로는 빌런이라고 생각했던 사람이 생각보다 괜찮은 사람이라는 점을 깨닫게 되기도 합니다. 그래서 직장 생활에서 사람들과 함께 일하는 것이 참 쉽지 않습니다.

〈유 퀴즈 온 더 블럭〉이라는 유명한 토크쇼 프로그램에 광고 전문가 출신이자 현재 책방을 운영하고 있는 최인아 대표가 출연한 적이 있습니다. 최인아 대표는 오랜 시간 직장 생활을 하며 태도가 경쟁력이라는 것을 깨달았다고 인터뷰했습니다. 각자 나름의 소양과 재능을 지녔지만 재능을 꽃피우는 건 태도라는 것입니다. "씨

앗을 심는다고 모든 씨앗이 꽃을 피우고 열매를 맺는 것도 아니구나. 그러면 그 씨앗이 예쁜 꽃을 피우고 열매를 맺게 하는 힘이 태도인 것 같다. 그 태도가 여러 사람과 같이 일을 할 때 정말 중요한 것이라 생각한다"라고 언급하면서 태도의 중요성을 강조하기도 했습니다.

여러분 누구나 오피스 빌런이 될 수 있습니다. 때로는 상황이 우리를 오피스 빌런의 세계로 이끌 수도 있습니다. 이 책에서 나타나는 가장 많은 빌런의 심리는 메타 인지가 부족하여 자기 인식이 되지 않거나, 과도하게 자기애를 발휘하는 경우입니다. 따라서 오피스 빌런이 될까 봐 두렵다면 스스로를 돌아보고 '나'의 행동을 한 걸음 떨어져서 관찰한다고 생각하고 평가해 보고, 성찰해 보는 태도를 가지는 것이 좋습니다.

좋은 자기 인식 도구 중 하나는 일기를 써보는 것입니다. 떠오른 생각을 장기 기억으로 저장하고, 스스로 학습하게 하는 좋은 도구가 바로 글쓰기입니다. 만약 내가 오피스 빌런이 될까 봐, 또는 내가 싫어했던 오피스 빌런처럼 나도 같은 모습으로 비칠까 봐 두렵다면, 오늘의 내 말과 행동을 일기로 기록하면서 스스로를 관찰하고 성찰해 보기를 추천합니다.

우리는 회사에서 대부분의 시간을 보냅니다. 한창 바쁜 업무 시즌에는 집에서 잠만 자고 다시 회사로 출근하기도 하고, 하루에 한두 끼니는 회사에서 먹게 되는 경우가 많을 정도로, 대부분의 삶의 패턴이 회사를 중심으로 돌아갑니다. 그런 회사가 즐겁고 재밌다면 정말 좋겠지만, 회사는 절대 즐거운 공간이 아닙니다. '행복하고 즐거운 일터'라는 것은 마치 유토피아와도 같은 환상에 가깝습니다. 누군가는 전쟁터로 표현하기도 할 정도로, 사실은 치열하게 일과 사람들이 엮여 어려움을 겪는 사회입니다.

회사라는 사회에서 누군가는 더 큰 권력을 향해 비뚤어진 태도를 보이기도 하고, 누군가는 본인을 과시하기 위해 복어처럼 몸을 부풀리는 태도를 보이기도 합니다. 그 과정에서 평범한 사람들은 누구나 마음에 스크래치를 한두 가지씩 떠안게 됩니다. 그리고 나와 맞지 않는 사람들과의 관계 속에서 많은 스트레스를 겪게 됩니다. 심지어 그 스트레스의 원인을 제공하는 사람과 매일 얼굴을 마주하고 오랜 시간을 보낼 생각을 하면 머리가 지끈지끈 아프기까지 합니다.

우리는 이 책을 통해 여러분들이 전쟁터 같은 회사에서 마음에 갑옷을 입히는 데 도움이 될 수 있기를 바랍니다. 대체로 빌런들은 본인은 남에게 상처 주면서 본인은 상처를 준다고 생각하지 않거나, 다른 사람들의 이야기에 심리적 타격을 별로 받지 않는 경우가 많습니다. 그런 빌런들을 상대하려면 우리에게는 든든한 마음의 갑옷이 필요합니다. 상대방을 이해하고, 상대방을 대하는 나의 태도를 바꾸는 것만으로도 마음에는 갑옷을 두를 수 있습니다. 여러분이 그 갑옷으로 끊임없이 빌런이 등장하는 회사에서 빌런들을 상대하면서 덜 스트레스 받고, 덜 상처받을 수 있기를 바랍니다.

오늘 하루도 여러분들이 상처를 덜 받고, 덜 스트레스 받으며 퇴근할 수 있기를, 그리고 이왕이면 그런 날들이 오래 지속될 수 있기를 응원합니다.

참고문헌

김미선. (2009). 조직정치지각과 조직공정성이 조직시민행동, 직무긴장, 이직의도에 미치는 영향 및 조직 지원인식의 매개효과. 박사학위논문. 영남대학교 대학원.

김상인. (2022). 인정욕구에 대한 심리학적 해석을 통한 심리역동 상호성 연구. 인성교육연구, 7(1), 85~107.

로버트 E. 퀸. (2017). 조직관리의 새로운 지평. (이동수, 역). 계명대학교출판부. (원서 출판 1992년)

신명희·강소연·김은경·김정민·노원경·서은희·송수지·원영실·임호용. (2023). 교육심리학. 서울: 학지사.

알프레드 아들러. (2015). 위대한 심리학자 아들러의 열등감, 어떻게 할 것인가. 소울메이트.

이명신. (2003). 괴롭힘 행동 결정에 있어 개인 동기와 집단이 매개효과. 한국아동복지학, 15, 39~81.

임규혁. (2007). 교육 심리학. 서울: 학지사.

차유리·나은영. (2015). 좋은 루머, 나쁜 루머, 양가적 루머?. 언론정보연구, 52(2), 103~166.

홍대식. (1998). 사회심리학. 서울: 박영사.

Jex, S. M., & Britt, T. W. (2017). 조직심리학 3판. (박영석, 서용원, 이선희, 이주일, 장재윤 역). 서울: 학지사. (원서 출판 2014)

Kahn, W. A. (1990). Psychological conditions of personal engagement and disengagement at work. *Academy of management Journal, 33(4)*, 692-724.

Kieffer, C. C. (2013). Rumors And Gossip As Forms Of Bullying. *Psychoanalytic Inquiry, 33(2)*, 90-104.

Lombardo, M. M., & Eichinger, R. W. (2000). High potentials as high learners. *Human Resource Management, 39(4)*, 321-329.

Mead, G. H. (1934). *Mind, Self, and Society from the Standpoint of a Social Behaviorist*. University of Chicago Press.

Paul M. Muchinsky, Satoris S. Culbertson. (2016). 산업 및 조직심리학 11판. (유태용 역). 서울: 시그마프레스. (원서 출판 2015)

Quinn Association. (2024). Quinn Model. https://www.quinnassociation.com/en/quinn-model.

오피스 빌런 대응 방법 요약 —

'감정'보단 '이성'으로

만약 회사에서의 관계로 인해 스트레스를 받아 감정이 격해진 상태라면 이성적인 판단과 대응이 어려울 수 있습니다. 오피스 빌런이라고 판단되는 누군가를 만나게 된다면, 오랜 기간 스트레스를 받고 있다면 잠시 한 발자국 뒤에서 냉철하게 상황을 판단해보고 여러분을 온전히 지키며 대응할 수 있는 방법이 무엇이 있을지 생각해보는 시간이 필요합니다.

적정한 타협

우리가 '오피스 빌런'이라고 지칭하는 이들도 사실은 본의 아니게 어떠한 요인들로 인해서 특정한 상황에서 바람직하지 않은 행동 패턴을 보이는 것일 수도 있습니다. 여러분도 누군가에게는 오피스 빌런이 될 수 있는 것처럼 말이죠. 그러므로 여러 사람이 모인 회사 생활에서 적정한 타협과 양보는 기본적으로 장착해 두는 것이 필요합니다. 단, 본인이 감당하기 힘든 수준까지 수용해야 하는 것은 아닙니다.

기록과 문서화

업무를 수행하는 과정에서 오피스 빌런과 어떠한 충돌이 발생하는 경우, 혹은 오피스 빌런 때문에 의도치 않게 책임을 뒤집어쓰게 생긴 경우 등과 같이 뜻하지 않은 상황에서 여러분을 지켜줄 수 있는 강력한 방패는 객관적인 자료입니다. 중요한 내용은 전화나 구두보다는 되도록이면 이메일, 메신저를 활용해서 기록을 남기는 것이 좋습니다. 만약에 부당한 대우를 받아 팀장 또는 인사팀을 대상으로 공식적인 면담을 요청하게 된다면 평소에 기록해둔 자료들이 증빙이 될 수 있습니다.

공식적인 채널 활용

회사마다 차이는 있지만 일반적으로 조직 리더 및 인사팀의 주요한 책무 중 하나는 '안정적인 조직운영'입니다. 퇴사자가 발생한다면 후보자를 물색하여 채용하고 실질적인 성과를 창출하기까지는 상당한 시간과 자원이 투입되기 때문입니다. 따라서, 회사의 입장에서도 구성원을 떠나 보내기보다는 전배 등과 같이 내부에서 활용하는 방안이 낫기 때문에, 퇴사를 결심하기 전에 도움을 요청하는 것이 대안이 될 수 있습니다.

참는 것이 정답은 아니다

오피스 빌런과 최대한 원만하게 관계를 유지하기 위해 업무 외적으로도 많은 노력을 하고, 공식적인 채널을 통해 개선 요청을 했음에도 달라지는 게 없다면 더 이상 참을 필요는 없습니다. 과거를 답습하며 구성원들의 심리적 웰빙에는 전혀 관심이 없는 조직에서 스트레스를 받고 있기에는 훌륭한 회사들이 너무나도 많기 때문입니다. 인터넷 기사, 회사 리뷰, 재직자 또는 인사 담당자 커피챗, 지인 네트워크 등 다양한 경로를 활용해서 회사 동향을 검토하고 신중하게 이동한다면 현재 상황보다는 훨씬 나아질 수 있을 것입니다.

어디에나 있고 어디에도 없는

오피스 빌런

초판 1쇄 인쇄 2024년 5월 1일
초판 1쇄 발행 2024년 5월 20일

지은이 송지은·조영윤

기획 이유림
편집 새섬
마케팅 총괄 임동건
경영지원 임정혁·이순미

펴낸이 최익성
펴낸곳 플랜비디자인

디자인 새섬

출판등록 제2016-000001호
주소 경기도 화성시 동탄첨단산업1로 27 동탄IX타워 A동 3210호

전화 031-8050-0508
이메일 planbdesigncompany@gmail.com

ISBN 979-11-6832-101-4 (03320)